«La mayoría
de las veces,
la última vez
no es el final».

Nuestras
últimas veces

EDITORIAL
ROSAMERÓN

Nuestras
últimas veces

UN DESAFÍO AL TIEMPO Y A LA NOSTALGIA

SOPHIE GALABRU

Traducción de
Francesc Esparza Pagès

Derechos exclusivos de la presente edición en español
© 2025, editorial Rosamerón, sello de Utopías Literarias, S.L.

Nos dernières fois
Primera edición: septiembre de 2025
© 2025, Sophie Galabru
© 2025, Francesc Esparza Pagès por la traducción

Imagen de la cubierta: ilustración de © kbeis / iStock. Foto de la autora © Juliette Paulet/ Allary Éditions
Imagen de las páginas 10 y 11: © francescoch y © kbeis / iStock

ISBN (papel): 979-13-990293-0-7
ISBN (ebook): 979-13-990293-1-4
Depósito legal: B 10722-2025

Diseño de la colección, cubierta e interior: J. Mauricio Restrepo
Compaginación: M.I. Maquetación, S.L.
Impresión: Romanyà Valls
Impreso en España – *Printed in Spain*

Indicación de riesgos o advertencias de seguridad (GPSR):
Correo electrónico de contacto: editorial@rosameron.com
https://rosameron.com/seguridad-gpsr.txt

Gracias por comprar una edición autorizada de este libro y por tanto respaldar a su autor y a editorial Rosamerón. Te animamos a compartir tu opinión e impresiones en redes sociales; tus comentarios, estimado lector, dan sentido a nuestro trabajo y nos ayudan a implementar nuevas propuestas editoriales.

editorial@rosameron.com
www.rosameron.com

A Nicolas

Índice

ESPERAR

Prólogo

Lo que ella reconstruye es el fin del
mundo.

M. DURAS,

El arrebato de Lol V. Stein

UN ALMUERZO EN EL CAMPO. El verano recién termina. Somos seis amigos y nos queremos. El tiempo es agradable. La naturaleza nos escucha. Nuestras risas desenfadadas saben ceder su turno a conversaciones más serias. Admiro sus encantadores rostros, su juventud, las preguntas que formulan, y también las que callan. Nuestro único deseo es estar juntos. Son sin duda instantes que forman parte de la felicidad. Lo sé.

También sé que este momento pasará y no volverá a repetirse. Una idea así no se olvida. «Nunca nos bañamos dos veces en el mismo río».[1] Durante mucho tiempo esta frase de Heráclito me cautivó, aunque en realidad no llegara a comprenderla, incapaz de percibir la verdad que la vida impone. No era sino una cita pronunciada durante una clase de filosofía que nada me decía, hasta que un día sentí, en lo más profundo de mi ser, aquella «garra de la necesidad»,[2] en la tan bella expresión acuñada por el filósofo Gilles Deleuze.

Por mucho que se repitiera, aquel almuerzo jamás sería el mismo: ni el aire, ni la hierba, ni el sol, ni nuestros rostros iban a ser aquellos que fueron. He aquí esa vaga certeza que me oprime el corazón; una premonición del tiempo, que avanza sin esperarme. Fascinada por su transcurso y por el matiz de cada instante, sigo persiguiendo lo inasible. El almuerzo casi ha terminado, y yo sigo aquí, temiendo el momento de las despedidas. Amo el «todavía no» y me entristece el «ya está aquí», que llega siempre demasiado rápido.

Vivo, pero sin olvidar que cada hora, sobre todo cuando es hermosa, puede ser la última en esta existencia limitada. ¿Qué puedo hacer contra ello? ¿Cómo combatir esta lucidez, esta nostalgia que tan a menudo me acecha?

Este no es un libro sobre la brevedad de la vida. Va de otra cosa. Desde niña, soy consciente del paso del tiempo: ver que las cosas llegan siempre a su fin me ha servido para ser consciente de lo irreversible de la existencia. De nada me serviría contar con que el tiempo fuera ilimitado: el problema seguiría siendo el mismo, pues cada momento es único e irrepetible. Aquellas maravillosas vacaciones no volverán; aquella fiesta en la que tan bien lo estoy pasando terminará demasiado pronto. Y no cabe duda de que la perspectiva de la muerte hace que esos momentos, sean felices o amargos, resulten más conmovedores, pues sabemos que nuestras horas están contadas.

¿A qué se debió que me volviera tan lúcida, tan consciente de los extremos que delimitan cada instante? ¿Qué pudo sucederme para pasar del puro presente de la infancia, que transcurre sin que tengamos apenas noción del tiempo, a esta preocupación por encontrar su medida? Entre los recuerdos que Ionesco evoca en su *Diario en migajas*, se halla el momento en que, con siete años, percibió por primera vez el tiempo tras tomar conciencia de que su madre iba a morir algún día.[3] «Descubrir el tiempo es, por supuesto, sentir su transcurso —escribe el dramaturgo—. Desde aquel día, no hubo ya lugar para el presente eterno, la despreocupación sin ritmo, la ignorancia de los límites. El tiempo comenzó para mí, y con este, una carrera que jamás puede ganarse».[4]

El instante que se presenta es bello porque es único y porque puede que sea el último. Aquí entran en juego las grandezas y miserias de la duración, que durante tantos años me han fascinado. En mi caso, hasta los treinta procuré vivir cada momento como si fuera el último. Puse plena atención a mis experiencias; temerosa de la inevitable partida de mis seres queridos, me esforzaba por dárselo todo; me permitía el lujo de ser sensible en extremo, de entregarme a la duración, esa melodía capaz de conmovernos con sus tonos, su ritmo, sus síncopas. Pero si bien pensar en el último instante puede llevarnos a experimentar más cosas, y a vivirlas con mayor intensidad, cierto es que nos conduce también a lamentar en mayor medida los errores, y a sufrir angustias y precauciones innecesarias. Dominada por la idea de que aquello que vivía podía estar experimentándolo por última vez, me sentía incapaz de postergar mis deseos.

Hay personas que sienten fascinación por las primeras veces y otras a las que las atraen las últimas. No obstante, no siempre hay una separación nítida entre unas y otras: la obsesión por el último instante puede hacer que las primeras veces se confundan con las últimas, y que tanto unas como otras concentren el mayor número de acontecimientos y descubrimientos posible. No obstante, la atracción no es la misma. Quienes, como yo, se obsesionan por el último momento no abandonan fácilmente lo conocido por lo desconocido y se aferran a ello con más tenacidad. Los amantes de la primera vez, por su parte, se embriagan con la sensación de redescubrir el mundo desde un ángulo nuevo, sin explorar aún. Es la infancia en estado puro, el paraíso de lo que todavía no ha caído presa del tiempo. El placer del descubrimiento va de la mano con la vanidad de haber dejado de ser ignorante. Aprendí relativamente tarde a montar en bicicleta, pero, al haber logrado mantener el equilibrio, adquirí una nueva forma de estar en el mundo que difícilmente olvidaré. Es aquel vértigo infantil que, a lo largo de la vida, logramos en ocasiones revivir.

La primera vez concentra el entusiasmo del inicio, el temor a lo desconocido y la esperanza de lo que está por venir: por ello tendemos a esculpirla en la memoria y nos volvemos deseosos por revivir esas pruebas de fuego. Si bien el comienzo de mi vida se me escapa, si son tantas las primeras veces que —como la primera noche que pasé en el apartamento de mis padres después de nacer— nos ocurren sin que nos demos cuenta, la vida nos da lo necesario para ponernos al día más adelante. Nos gusta ser los responsables de organizar nuestra vida, de hacer que las cosas sucedan, sobre todo cuando somos jóvenes: el primer vuelo en avión, el primer beso, el primer cigarro. Son muchas las primeras veces que podemos regalarnos. Cuando empezamos algo, el tiempo nos resulta indiferente: puede seguir su curso, porque la primera vez nos arranca de él. La última, en cambio, es otra cosa. Esa insolencia está ausente. Sabemos que es el desenlace de una serie, el último peldaño que le pondrá fin. El tiempo que se encarga de sellar no puede ser ya olvidado. Deseamos perseverar en nuestra existencia y en la de aquellos a los que amamos, y nos duele darnos cuenta de que los demás pueden irse, dejarnos y desaparecer.

En mi caso, poner fin a los vínculos y a las situaciones me resulta francamente difícil. No sé cuándo retirarme. Y cuando lo consigo, lo hago con una especie de violencia o de torpeza por mi parte, sin dominio. Por ello, a menudo elijo irme en silencio. Organizar el último día en el apartamento en el que he estado viviendo, poner fin a una historia de amor dolorosa, dejar un país o decir adiós a personas a las que apenas conozco pero por las que siento ya aprecio, reconocer que una relación con alguien nada tiene ya que ver con lo que se supone que es la amistad. En ocasiones, para avanzar, intentamos provocar esa última vez: la utilizamos como detonante para poner fin a un proceso, para liberarnos de un peso, para asumir un fracaso. Pero las últimas veces no siempre son puertas a nuevos comienzos: algunas suponen un cierre definitivo tras el que no es posible renacer.

En su obra *La vejez*,[5] Simone de Beauvoir observaba que el niño no sabe orientarse bien en el tiempo; la realidad duradera es la del adulto, capaz de imponer a esta su ritmo y su organización. El tiempo se presenta entonces como una sustancia espesa y oscura, diluida por los demás. Recuerdo haber sufrido en mi infancia ante la realidad de ese tiempo lento, tan ajeno a mi voluntad. Fue al hacerme mayor cuando tuve por fin la sensación de tener fuerza y autonomía suficientes para lograr que el tiempo pasara: iré al instituto a las 8 horas o decidiré que no voy; saldré con mis amigas a tomar un café o me quedaré trabajando en mi cuarto. Estas decisiones me convertían en dueña de mi tiempo, me otorgaban el poder de segmentarlo a mi gusto. Es por aquella sumisión inicial a la duración de los demás por lo que nuestras primeras experiencias autónomas nos impactan: hacerse adulto es sentir que finalmente somos capaces de iniciarlas nosotros mismos. Pero si nuestras primeras veces parecen elevarnos a una situación de dominio de nuestra temporalidad, las últimas, por el contrario, resultan memorables precisamente porque corresponden a un momento de cierre que no siempre tenemos la opción de elegir o anticipar. Esas veces por las que, para bien o para mal, nuestra vida se transforma, contienen en sí el sello de lo irremediable, lo que despierta en nosotros numerosas inquietudes y da lugar en nuestro seno al remordimiento, cuando no a la nostalgia.

Existen tres tipos de últimas veces. En primer lugar, están aquellas que si bien no intentamos provocar, nos sentimos con el deber de preparar, como si la anticipación nos permitiera aceptar una partida o una separación previsible e indeseada. Ritualizar nuestra partida de un lugar, organizar nuestra fiesta de despedida —o de jubilación— en el trabajo, prepararnos para la muerte de un ser querido. Se trata de una última vez temida y temible, de la que algunos huyen y que otros anhelan en cambio ver llegar. Pero, en el fondo, ¿es acaso posible elaborar el duelo de nuestras existencias? Tras haberlo intentado en varias ocasiones, me pregunto si he tenido realmente la sensación de estar a la altura que la situación exigía y de lograr que esta me afectara menos. Y eso suscita una pregunta más: ¿es acaso ese último encuentro sinónimo de un final, o solo de un paso hacia un tipo de vínculo o existencia distintos?

El segundo tipo son aquellas últimas veces que no sospechamos, que no vemos venir. Nos caen encima, de golpe. Impuestas por la vida o por la voluntad de otros, no es hasta una vez pasadas que logramos comprenderlas.

Somos muy capaces de organizar una fiesta de despedida para alguien que se muda a otro país, pero no siempre estamos preparados para el fin de una relación o para la muerte de un ser querido. ¿Sufrimos más ante estos eventos, ante catástrofes o duelos que no hemos podido prever? ¿O la conmoción resta realidad a esa última vez, hasta el punto de que nos llega a parecer que jamás ocurrió? ¿Qué queda de nosotros cuando esa última vez nos pasa por encima y nos abate? ¿No hay que procurar reconstruir nuestra historia, por devastada que haya quedado, y devolverle la continuidad para aceptar seguir viviendo? Son muchas las vivencias que han sido las últimas sin que hayamos podido percibirlo. Toda experiencia caótica, o incluso traumática, exige una labor de exploración con la que reconstruir aquel instante fatal que aconteció antes de poner nuestro mundo patas arriba, para así apropiarnos de aquello que nos superó y restituirlo al flujo de nuestra duración. Sean trágicas o jubilosas, algunas últimas veces nos impulsan hacia un nuevo estadio de nuestra existencia, y al hacerlo nos imponen una mirada retrospectiva con la que volver a unir los hilos de una historia, la nuestra, que se ha visto desgarrada.

Finalmente, están esas últimas veces que vemos como un objetivo beneficioso, como un punto al que anhelamos llegar. ¿Cuántas veces no habremos dicho que esta vez será la última? Estas últimas veces son un buen indicador de nuestra fuerza de voluntad para poner fin a la incertidumbre o al dolor y abrirnos a la renovación. Pienso en la última entrevista con un ser amado al que debemos dejar de ver para liberarnos así del dolor que nos causa y abandonar lo que se ha convertido en un callejón sin salida. O en la última vez con un amigo o amiga que nos ha decepcionado en demasiadas ocasiones. En ese vaso de más que nos envenena. Estas últimas veces las percibimos a un tiempo como una prueba y como un alivio, de modo similar a cuando deseamos liberarnos de una dependencia, un mal hábito o una época sombría de nuestra vida. Es el último golpe con el que queremos poner fin a una mala racha, a un círculo vicioso, a aquello que nos oprime. Es un modo de hacer limpieza, de reorganizar nuestra vida para que siga adelante. ¿De qué queremos liberarnos? Saber de la importancia de esta decisión de último momento puede darnos el coraje que precisamos. Pero bien sabemos, ya sea por haberlo vivido o haber sido testigos de ello, que nada hay más difícil que dictaminar cuál será nuestra última vez y librarnos realmente de lo que se ha convertido en un hábito alienante y al mismo tiempo fascinante. ¿Qué significa exactamente esta búsqueda de la última vez para las personas dependientes, intoxicadas o heridas? ¿Y por qué no logran desearla con suficiente intensidad como para provocarla a pesar de lo beneficiosa que les resultaría? Si bien un hábito suele ser una cuestión de cantidad, abandonarlo no tiene por qué ser también una cuestión de contabilidad.

Al recopilar estas últimas veces, he querido en este libro replantear la irreversibilidad del tiempo y la resistencia —a veces orgullosa, otras desesperada— que oponemos a tal fenómeno. Y pretendo reflexionar sobre ello preguntándome en primer lugar si las últimas veces coinciden siempre con un final absoluto. En ocasiones, el fin de una etapa de la vida no significa la muerte de un vínculo físico o afectivo. Luego, si los finales sirven para dar estructura a nuestra vida, ¿acaso es de utilidad resistirse al tiempo e intentar ejercer nuestro control sobre esos últimos instantes? ¿Son efectivos nuestros preparativos para el momento final?

Sea buscada o no, la idea de «última vez» nos lleva a preguntarnos si tiene sentido provocar este «final» de las cosas para aceptarlas mejor, para sortear la soledad, la separación y el envejecimiento que acarrean. Asegurar que podemos preparar o iniciar una primera vez implica afirmar que esta depende enteramente de nuestra voluntad. Pero creo que hace falta también una gran dosis de intuición, humildad y creatividad para convertir aquello que nos ha dejado —y que jamás volverá— en un testimonio de nuestra personalidad, nuestra vitalidad y nuestra trayectoria individual.

Finalmente, cierta filosofía popular me interpela: aquella que asegura que, dado que nuestro tiempo es limitado, deberíamos contar los instantes para así vivir más intensamente, amar de una manera más auténtica y sentirnos realizados sin arrepentimiento. Pero ¿acaso actuar de tal modo no es más bien fruto del miedo que otra cosa? Me temo que cuando hacemos recuento de nuestros momentos para así mejor atesorarlos estamos en realidad viviendo una existencia empobrecida. Reducidos al miedo de quedarnos sin tiempo, nos privamos de la riqueza del presente.

Las últimas veces nos son a menudo desconocidas e, incluso cuando somos capaces de anticiparlas, acaban dejando tras de sí un remanente de lágrimas, alegrías inesperadas o sorprendentes nacimientos. Aceptar que sustraer puede resultarnos tan valioso como sumar supone aprender el sentido de la vida y la felicidad que esta encierra. Para encontrar un camino que hiciera mía esta idea necesitaba escribir. Tal vez este libro logre exorcizar ese malestar de la última vez, junto con mi miedo a envejecer. Intentaré encontrar en él un punto de equilibrio entre la nostalgia y el olvido, entre el llanto y la resiliencia, entre la amargura y la rabia, para atreverme a dejarme llevar con aquello que, inevitablemente, me conducirá más allá de mí misma.

PREPARARSE

1

Un último día de trabajo

> Sí: el milagro ocurre para que todo tenga un final y, no obstante, todo final sea un nacimiento.
>
> F. CHENG, *Cinco meditaciones sobre la muerte*

SI LA PRIMERA VEZ SE PROVOCA, la última parece escapársenos radicalmente. Prepararse para un final: nunca he oído expresión más extraña. Y, sin embargo, hay finales que podemos prever: su fecha forma parte integral de nuestra experiencia. Sabemos que no pasaremos toda la vida en la escuela o en el trabajo, certeza esta que me ha reconfortado a menudo cuando tenía que aprenderme una lección interminable o me veía atrapada en una experiencia profesional que me abrumaba. La última vez pone fin a la dificultad, pero a la vez marca el punto culminante de toda una época de la vida. Ahora bien, si un cambio de rumbo resulta aceptable, la interrupción definitiva de toda actividad parece prefigurar la muerte, al punto de casi anunciarla.

La última clase

El último día de escuela. Recuerdo haber pensado en ello por primera vez a los seis años, desesperada ante la perspectiva de que aquellas jornadas monótonas fueran a repetirse durante toda la primaria. No quería seguir acumulando comienzos de curso. ¿Cuándo iba a terminar todo aquello? ¿Qué sentido tenía aquel circo que me alejaba de mi habitación, de mi tiempo libre, de los juegos? Hubiera preferido aprender de cualquier otro modo que no me obligara a estar sometida al ritmo que imponían los demás. Daba igual que fuera un ritmo demasiado rápido o demasiado lento, el problema era aquella sensación de constricción. Como muchos niños, era alérgica a la autoridad, a la jerarquía. La mayoría de los alumnos acaban por olvidar esta actitud de rebeldía: pocos son los que la conservan, y quienes lo hacen no siempre son los más inquietos. En mi caso, nunca la perdí del todo. Puede que el sentido de la libertad socave a veces nuestra adaptación en sociedad, nuestra felicidad incluso, pero también nos protege del riesgo de renunciar a ciertos deseos existenciales.

El suplicio era aún más feroz porque la escuela parecía no tener fin. Para calmar mi angustia, pedí a mi madre que enumerara las clases que me quedaban con los dedos de la mano, para así visualizar su término. Los años que quedaban hasta alcanzar la secundaria eran muchos. A menudo volvía a contarlos, mientras subía las escaleras que llevaban del patio de recreo al aula de primaria. Pero, tarde o temprano, el último día de escuela llegaría. Esa perspectiva me tranquilizaba: todo llega. Y en efecto, mi último día de secundaria llegó. Hacía calor y era junio, quedaban dos semanas para el examen final, pero daba igual, una primera y trascendental etapa se aparecía ante mis ojos.

Algunos compañeros estaban exultantes. Eufóricos, excitados, frenéticos, se lanzaban huevos y harina entre risas, en una caótica batalla que representaba el último día de la infancia. No quise formar parte de aquello, no tenía ganas de celebrar nada. ¿De qué debía alegrarme? ¿De haber entregado todos esos años de mi vida? Mi orgullo me impedía compartir esa alegría. Aquella liberación me la debían.

Regresé a casa de mi madre y comprendí que mi vida como joven adulta estaba a punto de comenzar, pues se había decidido ya que, a mis diecisiete años, me mudaría a una residencia de estudiantes para iniciar estudios superiores en una escuela preparatoria. En esa nueva vida tendría responsabilidades y preocupaciones, pero al menos iba a decidir mi destino.

Nunca he logrado convencerme de que la escuela sea un lugar especialmente alegre, estimulante o interesante. De hecho, si alguien me hubiera dicho que mi primer trabajo sería el de profesora de secundaria, no le habría creído.[6] Sin embargo, el aburrimiento también tiene sus virtudes: estimula la imaginación, la rebeldía, el pensamiento. Como docente de filosofía de estudiantes de último curso, a los que preparo para el examen de bachillerato, mi trabajo me lleva inevitablemente a ser testigo de sus últimos días de clase y, en ocasiones, de su última clase de filosofía.[7] Aunque me siento conmovida al despedirme de mis alumnos, no puedo evitar compartir, de forma indirecta, el inmenso placer que estos sienten por marcharse y liberarse de la escuela.

Contrato de duración determinada

Esa última y previsible vez que vivimos al término de nuestra trayectoria escolar la repetiremos más tarde, en nuestra vida profesional. Dimisión, despido pactado o forzoso, jubilación. El fin de una experiencia forma parte de nuestra concepción de la vida laboral, sobre todo cuando supone una retirada definitiva. Con la excepción de ciertas profesiones independientes, deportivas o artísticas, la mayoría sabemos de qué modo se estructura nuestra vida laboral. Salvo imprevistos, esta tendrá una fecha final, claramente fijada por la ley. El último día de trabajo: una prueba que muchos, inquietos ante el aburrimiento de una vida sin obligaciones, temen.

Con el aumento de la esperanza de vida, el tiempo que pasamos jubilados es cada vez mayor, lo que puede inquietar a quienes nunca han podido concebir una libertad semejante. Este temor se agrava con la bien fundada preocupación por cómo nos verán los demás, pues sabemos de qué modo nos etiquetará la sociedad capitalista cuando seamos mayores e inactivos: como inútiles e inservibles. Ciertas profesiones, especialmente en el sector público, imponen una edad de jubilación obligatoria, con independencia de si uno desea continuar o no. De modo similar, en el sector privado el empleador también puede forzar la jubilación del trabajador cuando llega a los setenta años.

Otras personas, en cambio, agotadas por la dureza de su trabajo o sin miedo al horizonte de la libertad, se preparan con impaciencia para ese momento. Hervé Moigne, empleado de EDF (la empresa pública de servicios energéticos francesa), relataba en France Culture cómo vivió su último día como operador telefónico: «Estoy satisfecho de haber servido a los clientes hasta el final —aseguraba, antes de añadir que no iba a echar de menos su trabajo—: sobre todo porque al final solo me daban tareas repetitivas y poco interesantes. Además, ni siquiera quisieron que transmitiera mis conocimientos a las nuevas generaciones».[8]

El último día de trabajo puede ser una experiencia difícil para quienes no lamentan tanto perder su ocupación en sí como la vida social que esta conlleva. Así me lo confiesa mi colega N., quien a sus sesenta y tres años, y tras cuarenta como profesora, se jubilará en unos meses. Ha podido ver mucho mejor que nosotros la evolución del oficio de docente, hoy mucho más complejo y expuesto a mayores riesgos psíquicos y sociales. A pesar del alivio, lamenta el hecho de que probablemente no vaya a volver a vernos: «Voy a tener que prepararme para lo que viene. Tendré que encontrar un lugar donde seguir enseñando de otra forma, tal vez una asociación; seguir siendo útil, ver gente». Se siente extraña, o al menos alberga «sentimientos contradictorios», pues espera con ansia y al mismo tiempo siente inquietud ante ese último día de clase. Sus dudas son legítimas: teme poner punto final a su vida social, activa y mundana. En efecto, ¿qué significado tiene una existencia totalmente libre pero confinada al ámbito privado?

El último partido

Aunque tanto artistas como deportistas no están supeditados a una edad legal de jubilación, su actividad tiene por lo general un final bastante claro, y a menudo precoz. La fecha exacta les resulta desconocida, ya que dependerá de los avatares de su vida, así como de su condición física y mental, y va asimismo ligada a su capacidad para aceptar la retirada y el fin de su actividad.

Algunos atletas son incapaces de asumirla, pues esa última vez, sinónimo del fin de una trayectoria, conlleva la amargura de no volver a disfrutar de la competición, el éxito mediático o, en algunos casos, la gloria.[9] Eso fue lo que llevó a Mohamed Ali, cuando sufría ya la enfermedad de Parkinson, a prolongar su carrera más allá del límite impuesto por sus médicos, encadenando duros combates y dolorosas derrotas. ¿Por qué continuaba aún, cuando las fuerzas ya no lo acompañaban? A esta pregunta, el boxeador respondió: «No echo de menos los focos. Es solo la idea. La idea de convertirme en campeón del mundo por cuarta vez».[10] La nostalgia por aquello que se ha alcanzado puede llevar a sortear el fin de una carrera.

Retrasar al máximo el final de algo que ha sido nuestra vocación sin que nada nos obligue a hacerlo supone un auténtico reto. Ese último momento es seguro, pero a la vez resulta incierto si se compara con el mundo laboral, en el que la edad legal de jubilación fija ese final —cuando no lo aceleran los despidos anticipados de empleados a los que se considera demasiado mayores e inútiles—. Tal incertidumbre puede ser beneficiosa, aunque a veces resulta cruel. En mayo de 2024, a sus treinta y ocho años y tras varias lesiones y parones, Rafael Nadal volvió a competir en Roland-Garros. Tras perder, se negó a responder en su discurso a la pregunta sobre si aquel había sido su último partido. ¿Tal vez se daba cuenta de que esa iba a ser su última competición? ¿Iba a volver al torneo que más aprecia? Su duda resulta conmovedora, porque expresa de manera espontánea preguntas delicadas: ¿cómo renunciar? ¿Cuándo sentir que el último instante de esplendor o de goce ha llegado por fin? Como en muchos otros casos, iba a ser su cuerpo el que lo forzaría a poner fin a su carrera: el 10 de octubre de 2024, Rafael Nadal anunciaba ante las cámaras que en la Copa Davis iba a disputar su último partido: «Es una decisión difícil. Pero en esta vida, todo tiene un principio y un final».

Otros maduran su decisión, atentos a su condición física y dispuestos a identificar la señal para un final cuya llegada los supera. En un documental sobre su vida, David Beckham[11] relataba su último partido en un estadio de fútbol. Dada la pasión, el talento y la carrera internacional del futbolista, la historia de aquel último encuentro nos resulta especialmente conmovedora. Lo es sin duda, pues en su caso su actividad profesional se confunde con su identidad desde sus inicios, marcados por el duro trabajo, primero con su padre y luego con sus entrenadores, hasta alcanzar la meta de convertirse en futbolista profesional. La primera parte de su vida estuvo dedicada por completo a ese único deseo; su consagración internacional y su talento hicieron de su pasión su destino.

A los treinta y ocho años, Beckham debe poner fin a su carrera y aceptar que ese será su último partido de alto nivel. Para él, y para el espectador que conoce su trayectoria, aquel momento tiene visos de un reto existencial. Cuando un periodista le pregunta qué lo llevó a fijar fecha a su retirada del mundo deportivo, el futbolista da una respuesta contundente: «Hubiera jugado hasta ser incapaz de caminar».

Beckham pasó por clubs de prestigio: Manchester United, Real Madrid, Los Angeles Galaxy, Milan, Paris Saint-Germain. Una trayectoria incomparable que hizo más difícil aún su retirada: «Creo que he amado este deporte más que nadie. Es lo que pienso. Sé que eso no es cierto, pero así lo creo de todos modos. Pero... mi cuerpo ya no era el mismo. Después de los partidos, me despertaba dolorido. Cuando me levantaba, me dolía todo...». La fatiga física, cada vez más difícil de sobre-llevar, le hizo entender que debía dejarlo. Mientras lo narra frente a la cámara, su nostalgia sigue presente: «Cuando llegó el momento, no podía respirar, estaba abrumado por la emoción». En el campo, en plena acción, parece estar llorando por ese último partido. Si hubiera podido, no habría parado nunca. Obligado por su cuerpo, decide elegir su salida: «Fue duro saber que nunca volvería a jugar al fútbol, pero sabía que era la decisión correcta». La decisión de Beckham me impresiona, porque refleja la voluntad de aceptar el desgaste y el paso del tiempo, y también cierta impotencia.

Para quien le apasiona lo que hace, ese último inicio de partido resuena como la propia muerte, como el momento en el que dejamos ya de contar con nuestra fuerza física. Aunque parezca prefigurar nuestro último día de existencia, esta última vez nos abre también muchas posibilidades para perfeccionar la obra de nuestra vida. Así lo ilustra el particular caso de la patinadora estadounidense Tonya Harding, cuya vida fue narrada en la película *Yo, Tonya* (2017) de Craig Gillespie. Famosa tras el caso «Harding-Kerrigan», en el que su rivalidad con otra patinadora llegó al extremo, Tonya Harding fue condenada por la justicia a no volver a competir en patinaje artístico durante el resto de su vida. Aquel brusco final no la llevó a quitarse la vida ni a caer en la depresión: Harding decidió convertirse en boxeadora profesional y, más tarde, en pintora y diseñadora y formar una familia. La aceptación del final, en este caso impuesta por una decisión externa, no le impidió redirigir su talento y sus deseos hacia otros caminos.

La última competición simboliza el fin de un trabajo desempeñado durante muchos años, a veces desde la infancia. Cierra una existencia marcada por la superación personal y la exposición a victorias y a derrotas. El final prematuro de una carrera y la transición hacia otra vida profesional deben ayudar a los atletas a moldear su equilibrio psicológico, pues son muchos los que caen en la depresión. Su aprendizaje pasa por aceptar ese último partido e imaginar las nuevas posibilidades que se le abrirán en el futuro.

El último concierto

Los artistas, quizá más que los deportistas, albergan la esperanza de que su última vez en el escenario coincida con su último aliento. «Morir en el escenario», como cantaba Dalida, expresa ese deseo final de fusionar su existencia con su obra. Algunos se suicidan, otros toman un camino alejado de su trayectoria artística. Basta con pensar en la depresión en la que cayó Syd Barrett, el prodigioso guitarrista de Pink Floyd y gran consumidor de LSD, quien decidió retirarse del grupo y de su existencia como estrella del rock. Barrett buscó refugió en casa de su madre, donde se dedicó a la pintura y la jardinería, muriendo así su primera vida; renegó de aquella época y de su pseudónimo y exigió que lo llamaran por su nombre civil: Roger.

Otros obran de modo más organizado. En una entrevista ofrecida el 29 de enero de 2024, el cantante francés Serge Lama habló sobre su decisión de poner fin a su carrera con estas palabras: «He visto a grandes cantantes actuar sentados en su última función, y siempre me ha parecido muy triste».[12] Lama se negó a hacer como Trenet y Reggiani, quienes a pesar de su condición física extremadamente frágil aún se subían a los escenarios. «Nuestro oficio es una cuestión de vitalidad, de aliento», añade. Es preciso asumirlo así, incluso cuando es la última vez para uno mismo y para el público. El 11 de febrero de aquel año, Lama celebró su despedida en el programa de Michel Drucker; al término de la emisión, el cantante explicó de qué modo su dolor por abandonar los escenarios se mezclaba con una ausencia absoluta de arrepentimiento: «Esta punzada en el corazón la llevaré hasta el final de mi existencia. (...) Pero no quiero que el público me vea sentado o agarrado a algo para mantenerme en pie. (...) Ningún cantante de mi generación ha dado tantos conciertos como yo. He tenido todo cuanto podía necesitar... y ahora me quedan mis libros».[13]

Quienes se dedican a actividades intelectuales independientes tampoco están exentos de este dilema. La exigencia para con uno mismo puede llevar a la retirada, a pesar de las reticencias que podamos albergar. El célebre psicoterapeuta y escritor Irvin Yalom lo expresaba con sencillez: su profesión fue su vida entera, y hubiera deseado seguir ayudando a los demás, escuchando esas historias que tanto le fascinan.[14] Sin embargo, como relata, hubo algo que se lo impidió: la visita de una paciente, cuyo nombre e historia había olvidado, le confirmó que el momento de retirarse había llegado. Aquella última sesión desastrosa, en la que la paciente acabó deshaciéndose en lágrimas, marcó «el final del trabajo de toda una vida».[15]

Dar una última función o crear una última obra pueden ser decisiones demasiado dolorosas para afrontarlas abiertamente. Simone de Beauvoir recuerda que Ernest Hemingway no soportaba la idea de dejar de escribir, actividad que constituía su identidad y su principal ocupación diaria: «Sabemos sin duda que fueron varias las razones por las que se quitó la vida, pero en cualquier caso, tomó la decisión en el momento en que sintió que era incapaz de seguir escribiendo».[16]

Como la propia pensadora señala, el trabajo, ya sea elegido o impuesto, tiene siempre una naturaleza ambivalente: puede esclavizarnos y dejarnos agotados, pero supone también un modo de integrarnos en la sociedad y un medio para desarrollar y mantener nuestras propias habilidades. La clave está en evitar reducir nuestra actividad a una sola: en eso estriba la posibilidad de conservar nuestra vitalidad a pesar del paso del tiempo.

De la «jubilación guillotina» a la «jubilación gradual»

Solemos volver a algo para impedir que termine, incluso cuando se trata de una experiencia dolorosa que deseamos dejar atrás. Es como si su fin nos recordara el final definitivo, que pasamos la vida tratando de fingir que no existe. Mejor persistir que partir, aunque nos duela hacerlo. ¡Un minuto más, señor verdugo! Y he aquí por qué la perspectiva de la jubilación, aun siendo condición *sine qua non* de la vida profesional, sigue resultando emocionalmente difícil tanto para quienes adoran su trabajo como para quienes no lo soportan pero temen ser marginados.

El paso a la jubilación a veces se percibe como una muerte social, un acelerador del declive. No solo marca el cierre de la vida laboral, sino que parece activar una cuenta atrás hacia el final definitivo. Así me lo asegura J., una lectora que concluye una carta con las siguientes palabras: «Lo que más envejece es la jubilación. Jubilarse significa retirarse de la vida social, y también de la vida económica... de la vida misma, en definitiva».[17]

Aceptar una última vez es más fácil cuando esta se halla vinculada a una resolución y a la determinación de abrirse a nuevas oportunidades. Siempre preferimos la idea de transición o renovación a la del cierre definitivo; afrontar una ruptura o una despedida no resulta tan duro cuando nos proyectamos en otro lugar. Tal vez el arte de vivir consista en hacer de nuestros finales el inicio de un nuevo acto en nuestro teatro personal. Así lo ilustra el caso de Marc La Mola, aparecido en el programa que France Culture dedicó a las «últimas veces». Tras treinta años de servicio, La Mola decidió dejar de ser policía de la brigada anticrimen. Como él mismo confesaba, en su decisión de abandonar las armas latía el propósito de romper con una profesión violenta y poder empezar de cero en un ámbito distinto. Cuando la última vez pone fin a aquello que somos incapaces de seguir soportando y nos permite reencontrarnos con nosotros mismos, la despedida se vive con más alegría que amargura.

Por lo general, el tema de la reconversión profesional está más presente y se discute e incluso se promueve en mayor medida que el de la jubilación o el modo en que podemos evitar que esta se asocie con una pérdida definitiva de la actividad. La jubilación es el arte de asumir una última vez que conlleva poner fin a una parte de nosotros mismos. Supone por ello un desafío inmenso: ¿cómo dejar de hacer aquello que nos ha mantenido ocupados y, en muchos casos, nos ha definido, para dar paso a una nueva etapa? El reto del jubilado estriba precisamente en lograr que el final de una carrera no signifique el fin de toda ocupación: el abandono precipita la decadencia humana, y la jubilación no debería conducir a ello. Habría que repensar la jubilación de los trabajadores desde esta perspectiva. La implantación, como ya propuso en su día Beauvoir,[18] de una «jubilación gradual» en lugar de una «jubilación guillotina» permitiría afrontar esa última vez en el entorno profesional de una forma más progresiva y preparar así a los trabajadores para su transición a otro modo de vida, en el que —siempre que su estado físico y mental lo permita—, puedan disfrutar de ocio, relaciones y actividades de interés general o privado.

Otra vida activa

Nuestra última vez en el ámbito profesional no debería convertirnos en simples espectadores a la espera del instante final. La entrada en la senectud debe representar una oportunidad para oponernos con firmeza a los embates de la desesperanza, y también un estímulo para seguir abiertos a aprender y a transmitir a los demás aquello que sabemos. La jubilación es una trampa que nuestras sociedades, cimentadas en una visión del trabajo en la que solo prima la rentabilidad y la productividad, se esfuerzan en tendernos. Tal perspectiva hace muy poco por evitar que las personas mayores caigan en la inactividad total, obviando que el trabajo no se reduce a una simple tarea remunerada con fines de supervivencia ni a asumir el rol de consumidores como mero reverso de la actividad productiva.

Siempre y cuando no sufra una enfermedad grave y disponga de unos ingresos mínimos, cualquiera puede prolongar su actividad mucho más allá, ya sea cuidando a los demás, profundizando en el conocimiento del mundo o bien dedicando su tiempo al intercambio con otras personas y a compartir con ellos los conocimientos acumulados durante toda una vida. La última etapa de nuestra vida activa debería, en definitiva, permitirnos disfrutar del ocio en su sentido más pleno, tal como lo concebían los griegos: no como un mero entretenimiento pasivo, sino como una actividad libre, curiosa y entregada a nuestros más profundos deseos. Contamos con un poder inmarcesible: el de convertir nuestro último día de trabajo en la puerta de acceso hacia otro tipo de existencia, marcada por la retrospección y la meditación, pero también por la libertad, por ser útiles a los demás, por disfrutar del ocio y del amor hacia los seres queridos.

Poco importa que la vejez aminore nuestra vitalidad, eso no deja de ser también una parte más de la vida. Como señala el filósofo Vládimir Jankélévitch: «Vivido desde dentro, el presente senil no es más vacío para el anciano de lo que el presente juvenil lo es para el joven: solo tiene otro ritmo, otro tempo, una tonalidad distinta».[19] La vitalidad, ya se halle en su esplendor o en su declive, no es más que una variación de un mismo impulso. Cada persona puede, a su manera, conservar el deseo de vivir y desarrollar sus propios proyectos, anhelos, costumbres y actividades.

Por supuesto, tan optimista visión encuentra también su límite en el momento en que es preciso enfrentarse a la realidad del fin, ya sea de parte de uno mismo o de la existencia en su totalidad. Un límite no siempre fácil de aceptar, por mucho que nos preparemos para ello, y que asumimos por tanto con cierto sufrimiento.

Pero, como expresó en una entrevista el célebre jurista Robert Badinter, parte del misterio de la vida estriba en aprender a amarla tanto como a dejarla ir: «Lo realmente difícil de envejecer es hacerlo sabiendo al mismo tiempo desprenderse (...) porque la vida se va alejando (...) Y a la vez que uno se desprende, debe seguir atado a la vida, a la vida de los demás, que prosigue su curso. Hay que estar presente y atento a lo que existe y, a la vez, liberarse de uno mismo, prepararse, pues la partida se acerca».[20]

La vejez pone a prueba nuestra capacidad de diferenciar el apego a *la* vida del apego a *nuestra* vida. Es una prueba de cariz ético, pues implica haberse querido a uno mismo lo suficiente como para, una vez nuestra época de esplendor ha quedado atrás, ser capaz de apreciar lo que hay más allá de sí. Nos desafía a mantener viva nuestra energía a pesar de la certeza de la muerte —la nuestra y la de los demás—. Aceptar la pérdida del yo, entendido como el centro de la voluntad y el narcisismo, parece ser el único camino hacia una vejez feliz.

La última vez es fruto del aprendizaje y del trabajo. En la trayectoria de algunas personas, aquello que hacen y aquello que son convergen de modo tal que el final de lo que ha sido su vocación parece completar una parte de sí mismas, e inversamente, su muerte parece poner fin a su obra. Si dejar atrás toda una vida de trabajo puede ser sinónimo de liberación, no son pocas las veces en las que la llegada de este momento conlleva un auténtico duelo por uno mismo. Envejecer con fluidez conlleva aceptar de forma serena el flujo de cuanto sucede y nos impulsa hacia nuevas etapas. Aunque a veces persistir pueda ser útil, es normal sentir el cambio como algo beneficioso. Ser conscientes de nuestra mortalidad nos concede el privilegio de considerar el tiempo con que contamos para hacer realidad aquello que deseamos alcanzar. Mantener los ojos fijos en los límites de nuestra existencia, no obstante, puede impedirnos tanto ser conscientes del camino recorrido como imaginar hasta dónde nuestras renacidas posibilidades pueden conducirnos.

2

Partir

Exploro una vez más la cuestión, como quien recorre por última vez una propiedad, antes de cerrar la puerta para siempre.

B. Giraud, *Vivre vite*

A MENUDO CELEBRAMOS tanto nuestra llegada a un lugar como nuestra partida. Dejar un espacio que ha constituido nuestro cobijo en el seno del mundo conlleva siempre una ceremonia, pues nuestras últimas veces en un hábitat son momentos decisivos de nuestra existencia. En botánica, la palabra «hábitat» designa un medio geográfico adecuado para la vida. Únicamente aquel territorio en el que hemos podido echar raíces y florecer puede aspirar a tal denominación. Abandonar dicho territorio es, una vez más, sinónimo de un desgarro doloroso, aunque tras nuestra partida se halle el deseo de ir a otro lugar.

Por más que el cambio nos entusiasme, por mucho que preparemos la mudanza, embalemos nuestras pertenencias y las amontonemos en cajas, nuestra partida supone arrancarnos de un suelo fértil, lo que nos lleva a preguntarnos si seguiremos siendo capaces de crecer lejos del sitio del que brotamos. Mudarse es también una lección de humildad, pues ese lugar que fue nuestro, que nos ha acompañado desde siempre, pronto será el de otro. Todo lugar es siempre más vasto que nosotros, más elevado, más sólido y profundo: nos trasciende, mucho más allá de nuestro ser, enseñándonos que no somos sino simples inquilinos de un pequeño rincón del mundo.

Abandonar un refugio

El espacio en que vivimos nos revela, en ocasiones con crudeza, que como escribía Sigmund Freud el yo no es «el amo en su propia casa».[21] Para Freud, el yo consciente se halla dominado por sus deseos, sus recuerdos, sus miedos, por todo aquello, en suma, que intenta reprimir. Es toda esta amalgama inconsciente la que constituye realmente nuestra casa, tanto en el sentido literal como figurado del término. Abandonar el verdadero hogar es dejarse atrás a uno mismo. No es casual que asignemos la palabra «hogar» a un lugar que nos rodea y nos acoge brindándonos paz. Sobre ello reflexiona el filósofo Gaston Bachelard en su libro *La poética del espacio,* donde afirma que los espacios felices, en cuanto han estructurado nuestra relación con el mundo y con nosotros mismos y nuestra imaginación, permanecen siempre vivos en la memoria. A veces incluso se nos aparecen en sueños, revelándonos su función primitiva como lugar de cobijo. Eso explica por qué aquellos lugares en los que hemos sufrido y gozado en soledad permanecen indelebles en nuestra memoria: es en ellos donde nuestros actos y nuestros logros han sido concebidos, donde hemos madurado nuestras decisiones.

Hay lugares fríos y desagradables, que se convierten en una especie de zonas de tránsito que nos repelen y en las que jamás podríamos instalarnos. El injerto, en este caso, es rechazado. Recuerdo aquel apartamento al que se mudó mi madre después de su divorcio, en una torre cerca de una circunvalación. Me fui de aquel lugar en cuanto pude. Ningún recuerdo de mi huida, ningún adiós.

Otros lugares, en cambio, sirven como torres o guaridas; en ellos construimos un mundo entero, convirtiéndolos de ese modo en un refugio en el que guarecer nuestra mente siempre que lo necesitemos. Los recuerdos felices que despiertan en nosotros impregnan los nuevos lugares que decoramos, del mismo modo en que envuelven nuestro inconsciente. Por poco que los analicemos, descubriremos en ellos la estructura de nuestra vida interior. Es por ello por lo que los últimos momentos que pasamos en tales refugios requieren, o más bien exigen, un ritual de despedida: es el mejor modo, a mi parecer, no solo de honrar unos espacios que han brindado abrigo y estabilidad a nuestra vida, sino de descubrir qué hemos dejado en ellos y qué seguirá acompañándonos. Los espacios que habitamos nos habitan también a nosotros.

Decir adiós a un refugio feliz de la infancia probablemente sea una de las despedidas que más llegan a conmovernos, pues fue aquel el que nos brindó por vez primera una sensación de seguridad. No importa cuán infeliz o turbulenta sea nuestra vida, siempre contamos con ese lugar para, ya sea recordándolo de forma consciente o volviendo a él durante el sueño, recobrar la serenidad y la calma perdidas.

Dejadme hablaros del mío.

Se trata de una casa que me encantaba; anhelaba ir y disfrutar del olor del campo, del canto de las alondras, de la visión del humo saliendo de la chimenea, de la vertiginosa altura de las escaleras que conducían al desván o de la sala de juegos repleta de muñecas y juguetes de los años sesenta que habían pertenecido a mis tíos. En ella podía sentir la infancia de mi madre, adivinar los dramas y las alegrías a los que aquella casa había servido de escenario. Era un lugar sólido, construido por mis abuelos, que trabajaban como dentistas en un pueblo. Aquella casa me confería paz y a la vez forjó mi carácter de un modo que en aquella época no era capaz de entender. Una vez lo hube comprendido, mi búsqueda de la felicidad me llevaba siempre de nuevo al campo.

Allí disfrutaba de la mejor comida casera, de los más hermosos paseos por el bosque. Podía inventarme historias para mí sola o para compartir con mi hermano y mi hermana. A veces tenía la alegría de reencontrarme con mis primos y primas, que, aunque mayores que yo y más interesados por los asuntos de su edad, accedían a jugar conmigo, pues al fin y al cabo, aparte de relacionarse con los demás, no había mucho que hacer para pasar el rato. Yo disfrutaba del hecho de estar allí encerrados, sin el lujo del entretenimiento constante o la agitación de la ciudad. Juntos.

No había nada, una nada que hoy echo de menos. Ni internet, ni móviles, ni distracciones, con la salvedad de un pequeño televisor, unos lápices de colores y una vieja máquina de escribir, que no bastaban para turbar el silencio y la calma del campo. Solo estaba la mirada del otro, el silencio, los pájaros. Hablábamos de los cambios en el paisaje, de la niebla matutina, de lo que habría para almorzar. Si la casa feliz construye el espíritu, también hay que añadir que cada espacio condensa el tiempo a su manera: le impone un ritmo, un matiz y una densidad. Como dice Bachelard, «es por el espacio, es en el espacio donde encontramos los hermosos fósiles de la duración, que adquieren la forma de largas estancias».[22] De ese modo, esos lugares se convierten en santuarios no solo de la memoria, sino de la permanencia. Es por ello por lo que las despedidas de un espacio se parecen a un reencuentro con el tiempo.

La última vez que estuve en la casa, pude anticiparme y honrarla como merecía. Teníamos que dejarla y vaciarla por completo. Vaciar un lugar en el momento de un duelo no es tanto un modo de poner en orden los recuerdos como de removerlos. Uno se tapa los ojos y se fuerza a parecer sereno, gestos con los que pretendemos mantener la calma, pero que no hacen sino sembrar el desconcierto en nuestro interior. Aquel lugar en el que deseamos poner orden nos conmueve: lo que en él vemos despierta imágenes antiguas, que emocionan lo más hondo de nuestra memoria hasta perturbarnos físicamente. Allí encontramos nuestras esperanzas frustradas, nuestras satisfacciones y nuestra ira; removemos y despertamos las huellas del pasado por última vez.

En el momento de liquidar la herencia, se decidió vender la casa. Llevaba tiempo vacía, desde que mis abuelos, ya muy mayores, se fueron a vivir a un lugar más adecuado para ellos en Bretaña. Desde entonces, no había tenido ocasión de volver, así que no pude planear una última vez allí. A la frustración que ello despertaba en mí se sumó mi turbación al saber que aquel lugar, fuera de la vida familiar, se deslizaba hacia un estado de completo abandono. Mis sueños fueron testigo de mi preocupación: eran un constante ir y venir por sus habitaciones; a veces me topaba en ellas con algún miembro de mi familia, otras aparecían vacías, habitadas tan solo por mi alma inquieta. ¿Cómo debía de estar la casa?

Mis abuelos fallecieron pocos años después de haberla abandonado, cuatro como mucho. De modo que tuvimos que volver a aquella casa en Sarthe para recuperar algunas cosas: una ocasión para saludarla de nuevo. En esa época yo había empezado ya a desconfiar de mi nostalgia y de mi incapacidad para tolerar el fin de las cosas, por lo que cuando mi madre me propuso acompañarla para ayudarla a recoger sus efectos personales y visitarla en una última ocasión, de entrada le dije que no. Pero al cabo de nada lo pensé mejor: sí, quería mi última vez.

Aquel regreso a un lugar inhabitable e inhabitado, que jamás podría revivir de nuevo, me resultó doloroso.

Procuré filmar mi llegada al lugar, en un intento por congelar esas nuevas visiones que se superponían a mis recuerdos. La canción «Dans la maison vide» —«En la casa vacía»—, de Michel Polnareff, resuena en mi interior cuando escribo. Ya que no soy capaz de crear una melodía, he procurado conservar la huella más precisa del impacto.

Aquella casa, tan acogedora en otro tiempo, parecía haberse convertido en un vertedero de objetos viejos y muebles torpemente dispuestos. El patio, lleno de zarzas y de malas hierbas que habían crecido por doquier, no se parecía en nada al segado y florecido jardín que recordaba. En nombre de la desocupación y de la ley de la entropía, la naturaleza había perpetrado un saqueo en toda regla y, como si quisiera burlarse, había desfigurado aquel pequeño vergel de una pareja acomodada. Ironías del destino, si en su día me había sentido fascinada por la historia de Grey Gardens,[23] la mansión que tras haber pertenecido a los Bouvier Beale —una familia emparentada con Jackie Kennedy— se convirtió en un lugar insalubre y extraño, ahora aquella misma poética de la ruina se ofrecía ante mí. Cada uno con su desastre. Algunas generaciones escapan de esta última vez de un patrimonio familiar; otras —cuando la división o la falta de dinero así lo imponen— no tienen esa suerte. Pero lograr conservar los bienes materiales y evitar la pérdida de patrimonio no nos exime de afrontar la muerte y la desaparición de nuestros seres próximos.

¿De qué sirve hacer la comparación? ¿Qué estaba haciendo yo en aquellos momentos, sino dejar que mi vida inmediata escapara? Para mí, aquella imagen que grabé no fue de ninguna utilidad, ni lo sería tampoco después, lo sabía. Tenía que nutrirme de esas nuevas percepciones que iban a añadirse a mis recuerdos para, de ese modo, despertarlos. Finalmente, decidí eliminar todas las fotos y vídeos de mi móvil. No era filmando como iba a vivir mi última vez. Interponiendo el filtro de la cámara no hacía sino negarme la posibilidad de exponerme directamente. Perdía el tiempo en lugar de sentirlo vibrar en mí. Aquella visita exigía otra cosa: deambular libremente, habitación por habitación, y sentir así el poder del tiempo perdido y encontrado. Tenía que notar los olores de antaño, observar los huecos dejados por los muebles desaparecidos. Decir adiós a los fantasmas: los que inventé de niña en la casa y los de mis ancestros que en ella vivieron.

La resonancia de las casas vacías

«El fulgor de una imagen hace resonar los ecos de un pasado lejano»,[24] escribió Gaston Bachelard. La visión de aquel lugar hizo brillar de nuevo, en un último y vivo fulgor, aquella infancia ya desaparecida. Bien podría haber prescindido del duro trago de contemplar cómo aquello que había creído eterno se desmoronaba. Pero ¿de qué sirve cerrar los ojos? No podemos eludir enfrentarnos al paso del tiempo; cuanto antes lo hagamos, mejor. Contemplar por última vez la imagen de un lugar querido es una manera de conservar una impresión de nuestra propia historia, de no quedarnos anclados en un primer estadio, idealizado e inmutable, de nuestra vida, y de aceptar en cambio el tiempo transcurrido. Hacerlo es permitir a nuestra memoria sumergirse en el pasado tantas veces como se nos antoje, no con la idea de recuperar una época que ya no existe, sino de comprenderla y sentir así el efecto que tiene en nuestro presente.

Las ceremonias de despedida nos brindan la oportunidad de reinterpretar ese pasado a la luz de lo que ha sucedido, fruto de los acontecimientos, de nuestras decisiones y de las de los demás. En aquel lugar fuimos felices, y también infelices en ocasiones. Yendo allí quería recabar la infinidad de impresiones que ese tiempo ya perdido despertaba en mí. Aquella casa se había convertido en un espacio simbólico, un manantial de signos y enigmas que mi mente pasará el resto de mi vida descifrando para comprender lo que me ha llevado a ser lo que es hoy. Las últimas imágenes que pude contemplar fueron para mí como faros que arrojaban luz sobre los objetos y los símbolos, pero también sobre las fábulas que allí escuché, fábulas sobre el amor y el odio, el tiempo y la propiedad, los niños y los ancianos, la soledad y la familia, la enfermedad y la salud, la riqueza y la pobreza, el campo y la ciudad, el fuego y la lluvia, los animales y los hombres, la justicia y la injusticia, la equidad y la violencia.

Gran parte del por qué siento y por qué me relaciono con los demás del modo en que lo hago se esconde allí. Al regresar por última vez a tan decisivo lugar, quería recoger las pistas, delimitar los rincones repletos de huellas. Tras todas las adversidades y alegrías, pude recobrar el pasado más remoto de mi existencia. Los recuerdos se unen a las nuevas imágenes: al entrar en el salón, resurge el recuerdo de esa habitación como siempre había sido, con su televisor que veíamos un ratito antes de cenar, su sillón en el que vuelvo a ver a mi bisabuela, una mujer pequeña, amable y discreta. Aparecen de nuevo esos sofás a los que con mi hermana y mis primos nos arrojábamos entre carcajadas. Una vida no es solo lo que se ha vivido, sino lo que aún se vive, en el exilio de su territorio, en el secreto de nuestra memoria, de nuestros deseos y nuestros miedos inconscientes. Volviendo, una vez más, a Bachelard, podría decirse que esa última vez fue para mí una «repercusión» —el ruido del pasado al resurgir—, y al mismo tiempo una «resonancia», pues aquello que experimenté, el aquí y el ahora, se dispersará en diversos planos de mi vida.

Aquellos lugares resuenan en otros: «Cuando, en la nueva casa, los recuerdos de la antigua morada regresan, nos conducen hacia el país de la Infancia Inmóvil, inmóvil como lo Inmemorial».[25] Si, en el mejor de los casos, nos hemos criado en una cuna —primer mundo para un ser humano—, la última vez bajo nuestros techos primigenios conllevará un desgarro en nuestra quietud, el cual deberá sin embargo ir acompañado de la certeza de que aquel refugio nos seguirá acompañando. Una última vez en un lugar que hemos amado es una experiencia de duelo, de acopio del pasado; un ejercicio de excavación arqueológica de nuestra memoria, que nos revela la persistencia de los espacios en nuevos escenarios. Porque un ser no es meramente un cuerpo, o una historia: es también los mundos que crea, que ocupa y moldea a lo largo de su existencia; cerrar puertas es un modo de decir adiós a esos territorios que durante tanto tiempo nos han acompañado.

Es la última vez en un lugar que me remite a la irreversible duración. Sin embargo, esa despedida del espacio no siempre supone un adiós al pasado: al contrario, esa época reencontrada me permite también sentir de forma más clara y completa la densidad y la riqueza de mi presente. Aunque sea de manera virtual, visitamos nuestros espacios matriciales una y otra vez: los revivimos a través de la memoria, se presentan por sorpresa en el sueño de nuestra conciencia, se reencarnan en nuestra nueva morada, ya sea mediante un objeto que decidimos colocar, o por un estilo que imitamos. Nunca he dejado de recorrer esa casa: en mis noches, en mis días, estando despierta o en mis sueños. Ahora sé que no es un recuerdo obsesivo, es el lugar donde aún vivo, pues allí estuve conectada con la poesía del mundo, con la quintaesencia de mi sensibilidad... Son frases que a un espíritu materialista tal vez puedan parecerle anticuadas; nuestra época científica nos impone la creencia según la cual solo existimos en el punto de encuentro entre nuestro cuerpo y un lugar u otros cuerpos. Sin embargo, el ser excede con creces el instante, su dirección actual, su carne o los objetos al alcance de su mano. Estos actúan como coordenadas que nos transportan a otro lugar; los bienes materiales concentran en ellos el tiempo, la memoria, los afectos, otros seres, remitiéndonos así a algo más que su mera composición atómica.

¿No es la última vez en nuestros refugios algo más que una impresión? Es evidente que nos despedimos de cosas materiales; probablemente sea eso lo que la muerte venga a significar. Sin embargo, la supervivencia de las imágenes y el danzar de nuestras reminiscencias nos dicen algo más acerca de esa última vez, que no se reduce a un duelo absoluto y definitivo. El espíritu de aquellos lugares resuena aún en nosotros, y con él, el aura de los seres y los objetos que los poblaron, los cuales, más allá de su realidad material, subsisten tras la partida. Como escribía Bachelard, en nuestra conciencia, en nuestros sueños, la buhardilla seguirá siendo «pequeña y grande, cálida y fresca, siempre consoladora».[26] La felicidad y la soledad vividas «aquí», en esos espacios de la intimidad, en la encrucijada de nuestro destino, resuenan todos los días aquí, allá y en cualquier otro lugar.

3

Decir las últimas palabras

¡Caed, flores de cerezo! ¿Cómo osáis
florecer cuando mi vida a punto está de
desvanecerse?

*Poema de despedida de
un kamikaze japonés*

EL DEPARTAMENTO DE JUSTICIA de Texas, uno de
los estados norteamericanos en los que la pena de muerte por inyección letal sigue vigente, mantiene un re-
gistro accesible al público con las últimas palabras
pronunciadas por los condenados a muerte antes
de su ejecución. Entre ellas hallamos las de Carl
Johnson, ejecutado el 19 de diciembre de 1995, quien
antes de morir declaró: «Quiero que el mundo sepa
que soy inocente y que he encontrado la paz. Vamos
allá». Algunos convictos optan por pedir perdón,
o por reafirmar su amor por sus seres queridos; otros

aprovechan para lanzar un alegato contra la pena de muerte.

Leer estas frases resulta una experiencia fascinante, no en vano son el último testimonio de personas que, con independencia de su culpabilidad o inocencia, abandonan este mundo y lo reconfiguran con su partida. Cada muerte extingue un modo de percibir la realidad. Así lo sentimos al conocer las declaraciones finales de los presos condenados a la pena capital, o cuando un moribundo nos hace saber su última voluntad, y también al leer las cartas de combatientes que presienten su muerte próxima, como en el caso de los poemas de despedida de los samuráis japoneses.

El instante mortal

El instante de la muerte, aquel para el que no habrá ya una última vez, es definitivo: después de él, la gran vida de los vivos dejará de existir. Es por este instante por el que la vitalidad adquiere su sentido: hacer, hablar, querer, tocar... Es esto lo que honramos al considerar las últimas palabras o la última voluntad de alguien. La muerte posee un carácter sagrado, por su virtud de proyectarnos hacia una dimensión que trasciende lo ordinario y lo profano. «Insólita, y sin embargo tan familiar»,[27] como escribe Jankélévitch, la muerte nos conecta con una intriga metafísica. Es un acontecimiento tan incomprensible y radical que, incluso con el dolor, el miedo o el desconsuelo que conlleva, confiere significado a la vida. Tan sagrados como la muerte lo son los cementerios que la albergan —de hecho, no decimos que una tumba ha sido removida, sino profanada— o las últimas palabras que la preceden. Sus muchos otros significados, más allá del que con certeza conocemos —el cese de todas las funciones vitales—, confieren a la muerte un carácter trascendente: se sitúa más allá de nuestro conocimiento, encarna un enigma doloroso y, en ocasiones, injusto. Parece abrirse al vacío, pero también, con todo rigor, al misterio.

Seamos creyentes o no, ignoramos si hay otro tipo de existencia, una realidad de carácter meramente espiritual, que se superponga a la nuestra. La muerte reaviva esta pregunta sobre lo invisible. ¿Es que aquello que no se ve no existe? ¿Puede haber algo más allá de la realidad material, regida por las leyes de la física? No soy capaz de ofrecer una respuesta argumentada a esta pregunta metafísica. Exista o no una realidad espiritual, no deja de ser cierto que la muerte siempre suscita este interrogante. No parece que se limite a cerrar una puerta, la de la existencia material, sino que parece abrir otra, la de la duda, la suspensión, la humildad o la esperanza por que exista otra forma de realidad. El agonizante, quien emplazado entre la vida y la muerte se halla más que nadie entronizado en este misterio, no está por ello más cerca de poseer la respuesta. Mientras, nosotros, apostados al lado de quien se va, nos sentimos ansiosos por recibir tal revelación, por conocer la solución al enigma. Sin embargo, el último mensaje siempre se refiere a la vida, no a lo que hay más allá de esta, pues esto último no puede observarse o vivenciarse, y no puede, por tanto, ser descrito.

Las últimas palabras, al igual que las últimas voluntades, participan de este carácter sagrado de la muerte. No obstante, si bien puede que la última palabra se halle más cerca del otro mundo o de la nada, es el testamento el que, al ser transmitido de manera póstuma, reviste en mayor medida ese carácter sagrado. Me sorprendió constatarlo en primera persona cuando me convocaron a la oficina del notario para conocer el testamento de mi abuela. Sin duda las frases que allí figuraban no eran sus últimas palabras, pero sí expresaban su última voluntad hacia mí, concebida como tal, consciente de que yo la conocería de forma póstuma. En ese instante, sintiendo su ausencia, me sentí conmovida ante esa intención, por el hecho de ser la última. Este último gesto nos perturba porque se revela mucho después, como sucede con la luz de un astro ya extinto.

La última voluntad participa del encanto de un amor proveniente de un lugar remoto: solo puede llegarnos en ausencia del donante, sin que podamos darle siquiera las gracias por ello. Es la generosidad absoluta de quien no espera nada a cambio. Y por mucho que sepamos que proviene de un pasado ya lejano, tenemos la sensación de que aquella luz ha atravesado la noche del más allá.

La filosofía de los *sakuras*

Las últimas palabras parecen albergar una vida entera y, a un tiempo, dirigir nuestra mirada hacia el misterio del futuro. En el umbral del fin, la totalidad de la existencia adquiere su estructura, en la que peripecias, giros y desenlaces se entretejen para conducirnos a una conclusión, permitiéndonos así conferirle una interpretación general. De ese modo, las últimas conversaciones poseen a nuestros ojos un carácter más intenso y verdadero que aquellas que las precedieron. No es preciso que se trate de palabras cuidadosamente elegidas para un ritual de despedida, los últimos diálogos parecen gozar de un aura especial, que nos impulsa a escarbar en nuestra memoria con el fin de rememorarlos.

«Hoy es la última vez que tus amigos te hablarán y que tú les hablarás a ellos» se lamenta Jantipa, la afligida esposa de Sócrates, cuando este se dispone a morir.[28] Como relata Fedón en el diálogo epónimo de Platón, Sócrates vivirá sus últimos instantes sin dejar de conversar con sus amigos. En ocasiones, el moribundo nos habla por última vez cuando hemos acudido a su lado. Ese momento marca para siempre nuestra relación, sellándola y ofreciéndola así a la mirada, al análisis, al recuerdo. Como un último capítulo, obra a modo de desenlace y conclusión con los que releer retroactivamente toda la historia para así delinearla mejor, comprenderla y captar tal peripecia o tal evento como si se tratara de jeroglíficos que en su momento no fuimos capaces de advertir o descifrar. Son revelaciones que adquieren su importancia a partir del silencio absoluto, irreversible e irremediable que anuncian. Poco importa que estas palabras hayan sido sabiamente elegidas o no, su contenido en comparación con su forma: al fin y al cabo, son las últimas pronunciadas antes de que el propio lenguaje llegue a su fin.

En la tradición judía, el moribundo escribe a aquellos que ama una última carta, en la que les confía sus sentimientos y su sabiduría.[29] No es esta la única cultura que manifiesta esta preocupación por las palabras finales. Un ejemplo es la tradición japonesa de los poemas de despedida (en japonés *jisei no ku*), cuyo origen deriva de las creencias del budismo zen. Estos breves textos, escritos primero por monjes y samuráis y más tarde por eruditos y monarcas, nada tienen de sentimental: al contrario, semejan carentes de toda emoción. En ellos, la muerte no se menciona de manera explícita, más bien se evoca, haciendo hincapié en la necesidad de esta como parte del ciclo de la vida. Un tópico frecuente en estos poemas es la caída de las flores de los *sakura*, los cerezos japoneses, árboles cuya efímera floración, a principios de la primavera, sirve tanto para subrayar el ritmo estacional de la naturaleza como la fugacidad de la existencia. En Japón, es tradición reunirse para contemplar tan breve esplendor, el *hanami*, a modo de celebración de la belleza pasajera de la vida y la preciosidad del instante.[30]

En ocasiones, el poema podía prepararse largamente, mucho antes del momento de la muerte, para que, cuando este llegue, elegir las últimas palabras resultara más fácil. Muchos kamikazes, los jóvenes japoneses que se ofrecían como voluntarios para estrellar contra el enemigo sus aviones cargados de explosivos, incluían a menudo poemas en sus últimas cartas. En 1944, con tan solo veintidós años, el piloto Yamagochi Teruo escribió:

Que podamos morir,
como en primavera
las flores de cerezos,
puras y brillantes.

Los poemas de despedida son breves y se sirven de metáforas: su misión es utilizar sus imágenes y el orgullo que desprenden para dar fuerzas a quien se dispone a partir. Otro joven kamikaze escribía:

Cuando me llamen, cuando me digan que mañana es la última mañana de mi breve vida, ¿tendré fuerzas para no ponerme a gritar? Salí para ahuyentar esa idea. Era casi luna llena, los grillos cantaban. Pensé en el poema que iba a escribir. Es una idea del comandante: dice que escribir unos versos antes de morir nos ayuda a aceptarlo. Es lo que hacían los samuráis.[31]

Escribir versos de despedida significa dejarse disciplinar por la fuerza de la tradición, de la métrica. Esta obediencia no impide renunciar al poder de la imaginación y extraer de esta una última imagen con la que resumir nuestra vida o bien su final. Sin embargo, como ejercicio de composición representa una forma de mantener el control y evitar así el grito de miedo, estupor o angustia. Hablar por última vez nos ayuda a

seguir siendo humanos antes de ese paso hacia la in-
humanidad.

Más allá de estos poemas y su cometido, mi reacción
al leer las últimas palabras de los condenados o los soldados suscita en mí varias preguntas. ¿Por qué me fascinan? ¿Por qué siento como si su importancia fuera
mucho mayor que la del resto de palabras de una vida?
Me pregunto —puede que ingenuamente y porque no
he rozado aún mi final—, por qué una muerte cierta
suscita la imperiosa necesidad de decir algo. ¿Por qué
hablar, si está todo ya decidido? Todos esos soldados,
los condenados a muerte, los suicidas incluso, escriben
algo. Parece como si el desvanecerse de su existencia
debiera ser comentado, vencido tal vez, mediante una
última huella.

No desaparecer completamente. Hablar antes de
guardar silencio. Expresar lo esencial de cuanto sentimos o comprendemos. No quedarse solo ante esta prueba en primera persona. Hablar con aquellos que amamos y tranquilizarlos:

> Pero, antes de mi partida, quisiera además decirte, a ti
> como mujer, yo que he sido tu prometido y que voy a
> morir, estas pocas palabras. No deseo nada más que tu
> felicidad. No te dejes atrapar por las pequeñas obliga-
> ciones morales del pasado. No vives en el pasado: ten

el valor de olvidarlo y de encontrar nuevas fuerzas para el futuro. Desde ahora, y en todo momento, vives en la realidad.[32]

Este kamikaze que escribe su última carta a su amada iba a perecer unos días después; tenía veintitrés años.

Quien se va definitivamente necesita verbalizar y expresar sus emociones, reafirmar sus sentimientos hacia sus relaciones más profundas y hallar el modo de articular ese nuevo pensamiento nacido de esta precipitación hacia el final. La proximidad del momento decisivo pone fin a lo vivido e impide trascenderlo en un futuro que, tal vez, hubiera podido cambiar su significado. Esta cercanía permite vivir en relieve y contemplar a vista de pájaro la importancia de las cosas, lejos del primer plano en el que nos sume nuestro día a día. Es una liberación triste y paradójica que, no obstante, nos permite comprender lo que la fuerza del orgullo y la inmersión en los intereses mundanos nos impiden contemplar. La muerte transforma nuestra existencia en un destino. El final del juego desactiva la febril esperanza y el apego a uno mismo, nos asigna al comentario.

Ironías del destino, es precisamente saberse condenado a una muerte cierta y fechada por la justicia o por el devenir de una guerra lo que nos permite preparar los últimos instantes. Las cartas de los combatientes cargan con ese mismo peso de aquellos que se enfrentan al probable o seguro final de sus vidas. El 22 de abril de 1915, Émile Abgrall, oficial mecánico a bordo del *Léon-Gambetta*, un poderoso buque de guerra de la marina francesa, escribía lo siguiente a su hermano, cinco días antes de que el barco fuera torpedeado por un submarino austríaco:

> Ayer, unos pájaros vinieron a visitarnos. Se posaron sobre unas cajas en las que tenemos a unos lindos cerditos rosados y nos ofrecieron un delicioso concierto. Tal vez venían de pasar el invierno en Bretaña. ¡Quién sabe! Toda la tripulación lo celebró. Por un instante, tuvimos la esperanza de que se quedarían a vivir con nosotros. ¡Ay! Al caer la noche, reemprendieron su vuelo. ¿Volveré a ver pájaros algún día?... Da un gran abrazo de mi parte a papá y a mamá. Pero, sobre todo, no les hagas saber mis temores. Déjales creer que navego en un mar en calma, lejos de todo peligro. Si el destino nos señala para el gran viaje, se enterarán lo bastante pronto de esta triste noticia.[33]

En Francia, las generaciones actuales, aunque estén lejos de sufrir una guerra en su territorio, no dejan de estar preocupadas por los conflictos mundiales o por la idea del fin del mundo que la ansiedad ecológica suscita. ¿Acaso ha existido alguna época en la que las perspectivas apocalípticas no dominaran el pensamiento de la gente? ¿Podríamos encontrar un período de la historia que no esté marcado por la perspectiva colectiva del fin de la felicidad? Es posible que un período se encuentre tan cautivo de la idea de su propio fin que frustre el deseo de perpetuarse en las nuevas generaciones. Pero ¿qué hacer, si no seguir escuchando a los pájaros?

Hablar con los moribundos

Sufrir o presenciar una enfermedad incurable o degenerativa, o el fin de una vida médicamente asistida, se hallan entre las pruebas más duras a las que podemos enfrentarnos. No obstante, la preparación para ese instante final puede verse como un momento decisivo, como una oportunidad para nosotros mismos y para el modo en el que nos relacionamos con los demás que es preciso no desaprovechar: no en vano, son situaciones que nos brindan una última oportunidad para hablarnos, mirarnos o tocarnos con plena conciencia de ello. Así nos lo recuerda el libro *Una cuestión de muerte y de vida*,[34] escrito a cuatro manos por la académica y autora estadounidense Marilyn Yalom y su esposo Irvin tras ser ella diagnosticada de un cáncer incurable. Ambos intelectuales se conocieron a los quince años y desde entonces jamás se separaron. Decididos a preparar la ausencia de ella y a afrontar los últimos momentos juntos, decidieron poner por escrito, día a día, los sentimientos que descubrían. «El primer objetivo de este diario —leemos— es, ante todo, ayudarnos a recorrer este final».[35] En cierto modo, sus páginas se convierten en un intercambio entre dos esposos a quienes, pese a la excepcional y prolongada comunicación que desde siempre mantuvieron entre ambos, les quedaban aún por recorrer los senderos del pudor, la tristeza y la soledad venidera.

Escribir a los demás o conversar con ellos nos permite orillar los remordimientos y la desesperación que estos momentos traen consigo. Las estrictas normativas de los hospitales, sin embargo, no siempre nos permiten pasar una última noche o permanecer unas últimas horas junto a la persona a la que hemos acompañado. Yo misma lo he vivido, por lo que no me causan sorpresa muchos de los testimonios recogidos en el programa de radio *Les Pieds sur terre*, producido por France Culture. Entre ellos, se halla el de Léda, compañera de Olivier, al que conoció siendo adolescente y a quien acompañó durante toda su enfermedad.

Léda relata cómo se sintió tras saber por una enfermera que la muerte de su esposo era inminente:

> Aunque no pudiera responderme, sentía que me escuchaba con suma atención cuando le hablaba. Le conté cuánto le amaba, cuánto había amado todo lo que habíamos compartido los dos juntos, a pesar de las dificultades, a pesar de cuanto habíamos pasado; le relaté lo afortunada que me sentía por haber podido vivir esta historia con él, y también le dije que se estaba muriendo, que así me lo habían dicho. El amor es más poderoso que la muerte, no creo que esta pueda separarnos.[36]

¿Tiene el moribundo algo que decir, cuando la enfermedad, el sufrimiento y el cansancio de los que es presa su cuerpo lo arrastran hacia el reino del silencio? Las experiencias que relatan los terapeutas en cuidados paliativos son muy distintas, si bien coinciden en que a menudo el enfermo mantiene una actitud pasiva, que contrasta con la hiperactividad de quien lo acompaña. Como explica Johanne de Montigny, psicóloga en cuidados paliativos: «El familiar tiende a romper el silencio; el moribundo, por su parte, antes de caer en lo inanimado, vacila entre callar y decir algo. Puede que sea porque hablar es un acto propio de la vida, mientras que quedarse en silencio podría ser un modo de expresar su propia muerte».[37] Para algunos, la última palabra constituye una presión; para otros, un alivio.

Oír las últimas palabras del moribundo es una necesidad ineludible para el que lo sobrevive, ya que le permitirán llevar el duelo mejor que si quedara atrapado en el conflicto o en lo no dicho. A veces, pronunciarlas resulta igualmente necesario al que está a punto de partir, para quien expresar algo largamente callado puede aportar la tranquilidad que tanto anhela. Aquí entra en juego la responsabilidad de cada uno en torno a este último intercambio. La expresión de una emoción, la valentía de una pregunta o de una palabra pueden dar lugar a algo esencial en el momento final: decirse lo que uno ha significado para el otro. ¿Es posible sobrellevar una vida o abandonar este mundo sin la posibilidad de aliviar el propio corazón y el de los demás?

Preparar la pérdida

Los supervivientes buscan también en un último intercambio el modo de reafirmar su vínculo. Decir lo indecible y no dejar lugar al arrepentimiento son, sin duda, actos primordiales ante la prueba final. La valentía inspira a la valentía. Siempre atenta a *Les Pieds sur terre*, escucho esta vez el relato de Catherine, tan revelador de lo que un último instante puede impulsarnos a decir o hacer. Catherine relata cómo aguardó «cincuenta años de angustia» antes de dirigir unas palabras tiernas a su madre, a quien siempre temió por su carácter tiránico. En esos últimos instantes, Catherine pudo sentir finalmente que la amaba.

Postrada ante su cama de hospital, al borde de la muerte, Catherine pide a su madre perdón por su incomprensión, sus desencuentros y su rebeldía. Su madre le responde con una reflexión parecida. Catherine parece desconcertada tras haber esperado tanto a atreverse a hablar con ternura: «Estos últimos minutos redimen cincuenta años. (...) Desde niña tuve miedo de que mi madre partiera sin haber sido capaz de amarla. No puedo decir que no la amara, pero siempre me sentía enojada, y también ella. Ahora, puedo afirmar que la quiero».[38]

Desde que tengo memoria, siempre me ha preocupado estar preparada para la muerte de mis seres queridos. A los veinte años, y con el propósito de ayudarme a aceptar su partida, decidí sacarle el tema a mi abuelo paterno. Intuía que su muerte sería una de las pérdidas más terribles de mi vida, así que pensé que sería bueno hablar de ello. Puede que pensara que romper ese el silencio alrededor de un tema tabú como aquel pudiera en cierto modo contrarrestar su aterrador poder; juntos, forjaríamos un pacto que nos permitiría hacer frente a esa fuerza que pretendía separarnos. Pero de poco sirven las certezas que el razonamiento o la intuición nos hacen concebir: la realidad siempre acaba imponiéndose. ¿Puede uno realmente prepararse para la partida definitiva del otro?

David Rieff, hijo de la escritora estadounidense Susan Sontag, nos dejó sus reflexiones sobre tales incertidumbres en su libro *Un mar de muerte: Recuerdos de un hijo,* escrito tras el fallecimiento de su madre en 2004, tras un cáncer. «¿Debería haber hecho más? ¿Proponer alternativas? ¿Pasar más tiempo con ella? ¿Debería haber sacado a colación el tema de la muerte o, por el contrario, hubiera debido ayudar a esconderla un poco más debajo de la alfombra? Son los insolubles interrogantes de quien se queda».[39]

Jankélévitch nos dice que no es posible prepararse para la muerte ajena. Únicamente podemos imaginar un concepto irreal, pues la muerte, cuando llega, tiene la particularidad de hacerlo «siempre por primera vez». Aunque sepamos que va a suceder, aunque procuremos estar presentes, siempre logra desconcertarnos. Parece que la imaginación solo resulta útil cuando trata-

mos de concebir la felicidad. ¿Cómo es posible anticipar, ni mucho menos prepararse, para tan insufrible
desgarro?

Busco en mi Larousse la definición de «estar pre-
parado». Tres acepciones me llaman la atención. La
primera: «Ponerse en el estado adecuado para hacer o
soportar algo». ¿Cómo prepararse para una pérdida
física definitiva? Aún no lo sé, porque ninguna idea
me dispone para un evento tan radical que se hace
imposible aceptarlo o justificarlo. La segunda: «Entre-
narse para estar listo, en el momento adecuado, para
lograr algo». ¿Cómo ejercitarse para vivir con la ausencia irreversible de una existencia que, en sí misma,
a veces nos ayuda a vivir? La tercera: «Ser objeto de
una discusión previa». Este era el único sentido posible. Hablarle a mi abuelo de su muerte quizá no fuera
apropiado, porque él sufría tanto con la idea de dejar
este mundo como con la de abandonar a los suyos.

Pero una idea deja de ser la misma cuando se discute y se mira con amor; ya no nos dejamos dominar
totalmente por el miedo. Hablar alivia nuestros te-
mores, que se acrecientan con la soledad. Expresar
nuestras emociones y conocer las del otro es un modo
de combatir juntos contra aquello que amenaza con
destruirnos. Sentimos demasiado que la desaparición
significará experimentar un silencio absoluto como

para no desear seguir hablando antes de que toda posibilidad de conversación verbal se extinga para siempre.

Sin embargo, hablar no nos prepara completamente para sufrir menos. Los últimos momentos con el ser amado se asemejan a una lenta agonía de uno mismo. Una forma de nuestra existencia, esa manera de estar con y para el otro, está a punto de desvanecerse. Como señala Irvin Yalom, la muerte de su esposa supuso el fin de la reciprocidad. Médico y psicoterapeuta, Yalom se observa a sí mismo en la soledad del viudo: a veces cree percibir la presencia de quien siempre lo acompañó, como si aún pudiera compartir con ella pequeñas anécdotas: «Hay un montón de pequeñas historias que desearía contarle a Marilyn».[40] En este sentido preciso, morimos en efecto con el otro. La pérdida de nuestra coexistencia no termina con el anuncio de su muerte; sigue acompañándonos: en el tanatorio, durante la ceremonia de entierro o de cremación, en las innumerables visitas al cementerio, en nuestros peregrinajes a los lugares que recorrimos y apreciamos juntos, en las canciones que tarareamos, en los olores que dan cuerpo a nuestros recuerdos. La muerte de uno mismo en el otro, la desaparición del ser-con-el-otro, es un proceso que continúa mucho después de la última vez.

El amor, un mensajero de la continuidad

El sentido de la palabra «último» cobra aquí todo su significado. Solo la muerte marca un verdadero final. La separación del otro conlleva la ruptura de un modo de estar juntos que jamás podrá repetirse. La partida de un ser amado es la disolución de su mirada, la fractura de un vínculo que nos nutría y la pérdida de un cosmos entero, es decir, de un misterio infinito. Ya no habrá idas y venidas, ni reciprocidad ninguna que permita al otro ser algo más que un recuerdo o una idea congelada en el tiempo. Desde ese momento, la muerte nos obliga a reducir al otro a un recuerdo, cuya existencia dependerá de cuánto estemos dispuestos a rememorarlo. Extraña vida la nuestra, en la que aprendemos a vincularnos, a amarnos y a acompañarnos, solo para vernos un día despojados de esas construcciones morales y afectivas. A veces pienso en ello como en un espejismo o un juego del que salimos sin saber nunca el premio real de nuestros esfuerzos.

Y, sin embargo, experimentamos la verdad de nuestros vínculos amorosos, que ni la muerte ni la separación logran hacer desaparecer. La última vez no supone el fin absoluto de una relación, pues esta continúa en nosotros y más allá de nosotros. Este es uno de los temas más poderosos de la película de Claude Lelouch

Un hombre y una mujer (1966). Cuando Anne, viuda de Pierre, hace el amor por primera vez con Jean-Louis, su memoria la transporta a su última vez con su esposo. Este nuevo amor revive pues en ella un recuerdo enterrado. Y es esta memoria vibrante del amor —«esos soles tan intensos que aún nos abrasan», como canta Pierre Barouh en la banda sonora— demuestra que la muerte no siempre marca el fin de la presencia espiritual. Para Anne, su esposo aún no ha desaparecido del todo. La energía del vínculo sigue viva.

Esa «última vez» que no sirve de anuncio a otras tiene la virtud de despertarnos a ese amor en el que nos instalamos como si estuviera destinado a no conocer la separación. Pero quizá algo haya de verdad en nuestra excesiva confianza en la fuerza de los lazos: amar y haber amado son verdades eternas e indestructibles que dan valor a la existencia y le confieren, ni que sea a duras penas, la vitalidad que precisa. Así lo atestigua el testimonio recogido por el psiquiatra Viktor Emil Frankl, superviviente de un campo de concentración, en su libro *El hombre en busca de sentido*. Aferrarse a la imagen de su esposa, recordar su amor, mantener con ella conversaciones imaginarias (también ella había sido deportada) le confirió una fuerza que ni él mismo sospechaba: «Si en ese momento me hubieran dicho que estaba muerta, no creo que hubiera dejado de contemplar su imagen, ni que mi conversación con ella hubiera sido menos vívida».[41]

«Poderoso como la muerte es el amor», nos dice *El Cantar de los Cantares*. Cierto es que el amor no vence a la muerte —salvo, quizá, cuando pensamos en nosotros como especie, ya que propicia la continuidad generacional por encima de la discontinuidad que la extinción personal supone—, pero el amor no es en todo caso un mero vínculo físico. Lo que el otro fue para mí sigue constituyendo un lazo espiritual, que se despliega y se materializa a medida que mi vida avanza. El amor nos permite superar la postrera de las últimas veces, ya que, a pesar de la pérdida física, no deja de latir en nuestro corazón y en nuestra memoria.

Un no-sé-qué inacabado

La última vez nos asusta. Parece decirnos que nada subsiste más allá de la desaparición material, que nada perdura más allá del presente, que nada existe una vez traspasado el umbral de lo inmediato. Sin embargo, como escribe el filósofo Pascal Chabot: «Lo que se ha comenzado nunca se detiene».[42] La duración es un conjunto de experiencias que se interpenetran entre sí, resonando unas en las otras, de modo tal que el pasado nunca muere por completo. La sustancia de lo real reside en este carácter inacabado, en su «*non finito*», como lo llama Chabot. Para acuñar este concepto, el filósofo se inspira en el trabajo de Miguel Ángel, quien en ocasiones decidía dejar sin terminar los bloques de mármol de Carrara con los que trabajaba. Miguel Ángel llamaba *non finito* a esta actitud, con la que concedía a su público libertad para apreciar su obra. La decisión de terminar es siempre una forma arbitraria de relacionarse con la vida, opuesta a la continuidad propia del tiempo, de la memoria, de nuestra imaginación, de nuestros gestos, nuestras intenciones y deseos.

Aquello que físicamente desaparece sigue existiendo en una especie de semivida en la memoria. Las primeras veces memorables, los grandes comienzos, los triunfos, los éxitos, los encuentros inesperados, los lazos afectivos: a pesar de la separación física, sea esta temporal o definitiva, nada de ello se consuma por completo. Por mucho que parezca despojado de ciertas presencias materiales, el presente sigue atravesado por los recuerdos felices del pasado y las esperanzas del futuro. Este presente en apariencia vacío es habitado en secreto por el murmullo de nuestras conversaciones espirituales con quienes hemos amado y, en algunos casos, nunca dejamos de amar.

Desde una perspectiva histórica, tampoco las posibilidades exploradas por las civilizaciones que nos precedieron pueden darse por agotadas. La herencia filosófica y política de la democracia ateniense no ha muerto, al igual que el impulso racionalista e individualista de la Ilustración o el positivismo técnico y científico del siglo XIX. De modo similar, podemos rastrear las huellas del pasado en nuestro presente y vislumbrar de qué modo nuestras expectativas actuales hallarán respuesta en un futuro más o menos lejano.[43] La vida no se detiene; persiste en múltiples ramificaciones: en la memoria de los demás, en las generaciones futuras y, quién sabe, puede que en otra forma de vida después de la muerte.

Cierto, la última vez pone fin a toda interacción directa: la reacción espontánea del otro cuando le hablamos, la posibilidad de llamarlo y ser escuchados, el consuelo que su presencia física nos confiere, la confirmación de nuestra existencia en su mirada. No es casual que hablemos antes de partir: es un intento por apropiarnos de aquello que se nos escapa, un modo de hacer frente a la impotencia a la que estamos destinados. Sin embargo, en otro nivel —el de la comprensión de nuestro vínculo, la memoria compartida, la materialización de proyectos comunes, la transmisión de valores, deseos y aprendizajes— el intercambio continúa y se prolonga. De hecho, es cuando sufrimos por la pérdida de un ser querido cuando nos entregamos de buen grado a su legado, su personalidad y su voluntad, buscando en ello alimento y cercanía. Ya no tememos amarlo y perdernos en él, pues nuestras vidas han quedado separadas de modo irreversible.

4

Orquestar un final amoroso

No podía conformarme con vencer,
y dudo que nadie que haya alcanzado
cierta madurez afectiva sea capaz de encontrar en ello placer alguno.

F. GILOT, *Vivir con Picasso*

DEJAR A ALGUIEN ES UNA DECISIÓN emocional que
implica organizarse. ¿Hablar o callar? ¿Dialogar o imponer? ¿Es preciso encontrarse por última vez cuando
nuestra historia de amor no puede seguir adelante sin
destrozarnos? Ese es el tema de *Breve encuentro* (1945),
la célebre película de David Lean en la que un hombre
y una mujer deciden poner fin a su relación y planean
un último e intenso paseo juntos. Este resulta aún más
trágico porque se ve interrumpido por la aparición inesperada de una amiga común, cuya presencia arreba-
ta a los amantes sus últimos momentos de intimidad.

¿Volver a verse no nos expone al peligro de que al reencontrarnos renazca el deseo, o puede que al contrario nos garantice que este se desvanezca? Hablar para reafirmarse en la decisión de poner fin a la relación, ¿guarda coherencia con nuestra voluntad de separarnos, o encierra algo de engañoso? La última vez conlleva la resolución de cambiar nuestro destino y recuperar el tiempo que nos pertenece. Mientras algunos desaparecen en su propia huida, otros organizan el último encuentro para dejar su huella en aquellos a los que abandonan, o para convertir el final de un vínculo en materia para un relato que contar.

¿Montar una escena o escenificar el final?

El fin de una relación puede llevarnos a un último encuentro, ya sea verbal o incluso sexual. Tal afirmación plantea no obstante dos cuestiones: o bien el desamor es real —pero entonces, ¿por qué es necesaria esta última secuencia sensual o dialogada? — o bien no se trata del fin del amor, sino solo de la voluntad de cerrar una historia, hecho ante el cual sentimos la necesidad de representar un acto final. Sin embargo, esto entraña un gran riesgo, pues esa conversación final podría reavivar tanto el deseo como la relación. Recuerdo una conversación ya lejana con un amigo filósofo, en particular una frase suya: «Hay que saber preparar la escena final». En su momento, no entendí a qué se refería. ¡No somos personajes de una película! Poco importa: aunque nuestra vida no sea una novela, toda existencia se presta al relato. Desde que aprendemos a narrarnos, manejamos de forma intuitiva los conceptos fundamentales de cualquier historia: inicio, desarrollo, clímax, desenlace y resolución; esas son las herramientas con las que lo expresamos.

No siempre basta el amor para amar: cuando la negligencia, la falta de sinceridad o el abandono nos hieren, el sentimiento acaba pareciéndose a su propia sombra. La escena final, la réplica definitiva, el último gesto no logran la verdadera sincronía entre dos seres que, en el fondo, han dejado de desear entregarse el uno al otro. Para quien decide poner fin a una historia, es inevitable asumir ese desfase. Un último encuentro es también una forma de recordarse ciertos valores esenciales, de redirigir el deseo hacia lo desconocido y reafirmar la necesidad de centrarse en uno mismo. Pero ¿cómo forzarse a mantener una última conversación, o incluso un último momento de intimidad, cuando aún se ama?

Algunos finales se preparan meticulosamente, otros surgen de improviso, propiciados por un acontecimiento o incluso por la intervención de terceros. A veces, se trata de pequeños detalles de la vida que nos ofrecen una última vez, una conclusión que no habíamos previsto: son esas oportunidades las que, si las aprovechamos, pueden brindarnos el coraje que nos falta. Sin embargo, este azar de las circunstancias únicamente se hace evidente cuando nos sentimos fatigados, cuando estamos dispuestos a aceptar la mano que el destino nos tiende o cuando nos dejamos llevar hacia otro lugar. Un amor se olvida cuando el dolor ha superado el umbral de lo soportable. El deseo se desvanece cuando el orgullo se burla del tiempo perdido y se irrita ante repeticiones estériles. Y es entonces cuando el deseo de ser feliz recobra su fuerza.

Escucho nuevos testimonios radiofónicos de despedidas amorosas.[44] Algunos me impactan. Como el de aquella mujer que confiesa haber abofeteado a su amante «una última vez, con violencia» en la calle, o el de aquel hombre que relata cómo su amante le hizo el amor la última vez de un modo que no había podido aún olvidar: «Lo hizo decidida a dejar una marca en mi memoria». Con la perspectiva de los años, el recuerdo de los gestos y las palabras de la última vez hace pensar que los finales importan tanto como los comienzos, a veces incluso más. El modo en que cerramos una historia influye en el modo en que la percibimos, y determina así nuestra capacidad para trabajar el desapego y para hallar la calma tras la tormenta. Pero no solo eso, tiene además la virtud de transformarnos, de convertirnos en una persona nueva, permitiéndonos asumir y de ese modo deshacernos del lastre que las desilusiones y los fracasos suponen.

En otro testimonio, una mujer se lamenta por no haber logrado un último momento de intimidad con su exmarido, demasiado indiferente ya a ello: «Le propuse hacer el amor y aceptó. Pero no fue hacer el amor, fue él satisfaciendo su deseo. No hubo una última vez como en la canción «Bésame mucho», no fue como si aquella noche fuera a ser la última vez».[45] Despedirse con una última vez física, no con meras palabras, es también el deseo de Marianne en *Escenas de un matrimonio* (1974) de Ingmar Bergman. Tras diez años juntos, Marianne ha sido súbitamente abandonada por su marido Johann. Ella no desea vengarse, ni desea tampoco un giro inesperado en la historia: lo único que anhela es pasar un último momento de placer junto a él.

Sin embargo, ¿hacer el amor realmente nos permite poner fin a una historia, o es acaso que la separación confiere al sexo un matiz distinto, capaz de reavivar el deseo? Un último encuentro sexual permite dejar en nuestra memoria amorosa un recuerdo positivo, cerrar de un modo bello que atenúe en cierto modo la brutalidad de la ruptura. ¿Es necesario un acto final en el amor? Para quienes aún aman a su pareja, puede que el final parezca ineludible. Pero tal necesidad puede también revelar la incapacidad de aceptar el fin de una relación. Imaginar que un instante no tendrá continuidad suele intensificar la emoción y el vértigo del encuentro. Esa última escena —ya sea verbal o física— puede por tanto entrañar un riesgo para quienes aún aman pero desean llevar su vida por nuevos caminos: el riesgo de volver a empezar.

La última vez no siempre es el fin del amor

Hay que admitir que estas últimas veces en el amor tienen una particularidad: no siempre son definitivas. Una ruptura no conlleva necesariamente el fin: en el fondo, la relación puede perdurar por largo tiempo en nuestra memoria o nuestro inconsciente (si bien ya no en nuestro corazón), en paralelo a nuestra vida material. Las relaciones de pareja no se reducen a un vínculo social formal; son un proceso, con todos los problemas y soluciones que ello conlleva. Incluso durante la separación, ya sea de manera consciente o inconsciente, quienes se han amado siguen reflexionando sobre aspectos pendientes aún de resolver, a veces en el silencio que la distancia impone; otras, en soliloquios o en conversaciones con las nuevas personas a las que conocen. La última vez es una última vez relativa, no pone fin de inmediato a este proceso emocional y reflexivo.

A veces, incluso, conflictos que parecían irresolubles terminan superándose mediante el reencuentro. Las personas van y vienen, se separan y vuelven a encontrarse, los hay que hasta se casan de nuevo con la misma pareja. Ejemplo de ello es la historia de los pintores Hans Hartung y Anna-Eva Bergman. Tras contraer matrimonio por primera vez en 1929, vivieron juntos diez años, hasta 1939, cuando Anna-Eva decidió abandonar a su esposo en un intento de que su carrera como artista pudiera despegar lejos de la sombra de Hartung, quien por aquella época ya era muy reconocido en el ámbito de la abstracción. Trece años después, en 1952, los dos se reencontraban y redescubrían su amor, y en 1957 contraían de nuevo matrimonio, esta vez sí de forma definitiva.

Sin embargo, toda ruptura lleva el aura de la partida consigo, pues en ella late el deseo de existir solo para uno mismo y de liberarse de una historia que ha empobrecido nuestra imaginación y nuestra alegría. La anhelamos y la sostenemos, incluso si más tarde llegamos a negarla, y finalmente la consumamos, con lo que cada uno regresa a su propio espacio. Reaparece aquí la cuestión del lenguaje y la necesidad de formalizar la ruptura en un último instante compartido. Pero ¿no está destinado ese momento final, especialmente cuando el amor está aún presente, a dar lugar a nuevos encuentros?

En su obra de teatro *La música*[46] —estrenada el 8 de octubre de 1965 en el Studio des Champs-Élysées, con Claire Deluca y René Erouk como protagonistas—, Marguerite Duras narra la historia de Anne-Marie Roche y Michel Nollet, dos jóvenes divorciados que se encuentran una última vez en el vestíbulo de un hotel en Évreux. Sin duda, aún se aman. Pero ¿por qué volver a verse y hablarse, si no es para negar su desunión? Probablemente sea eso lo que Michel desee: volver a formar parte de la vida de su exesposa, quien parece resuelta a dejarlo: «¿Por qué no hablarnos?», le pregunta, y ella responde: «¿Por qué hablar?». Así es, ¿por qué decir algo que supondrá el fin de todo diálogo?

Y sin embargo, hablarán durante una noche entera. Cuando ella le señale lo avanzado de la hora, él le recordará que todo está permitido cuando se trata de una última vez: «Anne-Marie... esta es la última vez de nuestra vida...». Esta frase tiene el encanto de la paradoja: por tratarse de la última vez, la conversación se alargará hasta el amanecer, sin otro propósito que señalar la imposibilidad de separarse, a pesar de su divorcio. Liberados de dudas y tormentos, los dos pueden decirse la verdad. Como explicaría Duras en una entrevista, ambos protagonistas: «Se ven tras su divorcio por última vez y se dan cuenta de que se han reencontrado. Es decir, descubren que no eran esposos, sino amantes. Estaban hechos para vivir en el hotel». Y más adelante añadió: «El suyo es un amor que se desintegra, aunque todavía exista». No sabemos bien si *La musica* cuenta el fin de algo o el comienzo de otra cosa. Es una obra que elabora precisamente el drama de no saber terminar.

A veces el amor es como una melodía pegadiza que reproducimos una y otra vez. Una canción que sigue sonando y nos persigue a pesar de la última vez vivida. Si el tiempo que pasamos juntos hace surgir eventos, encuentros y pruebas, si nos brinda la oportunidad de aprender, de volvernos más lúcidos, exigentes o conciliadores, no siempre logra, sin embargo, conmover nuestros afectos más profundos. Los sentimientos no son algo simple y homogéneo, sino un complejo de estados de conciencia que no dejan de evolucionar y madurar. Como escribía el filósofo Maurice Merleau-Ponty:

> El amor verdadero convoca todos los recursos del sujeto e involucra a todo su ser; el amor falso, en cambio, solo concierne a uno de sus personajes: «el cuarentón»,

cuando se trata de un amor tardío; «el viajero», cuando es un amor exótico; «el viudo», cuando ese amor falso se sostiene por un recuerdo; «el niño», cuando el recuerdo que lo sostiene es el de la madre. Un amor verdadero termina cuando cambiamos o cuando lo hace la persona a la que amamos; el amor falso se revela como tal cuando regresamos a nosotros mismos.[47]

El apego a una cualidad o a un rol refleja aquel aspecto de uno mismo que se desea cultivar. Este deseo, parcial e incompleto, se diferencia del amor, entendido como un compromiso de uno mismo con el otro en su totalidad. Así lo relata el escritor Édouard Louis al recordar su profunda amistad con Elena en el momento en que la estaba a punto de dejar:

Todavía la amaba, pero sentía que el «yo» que pensaba «todavía la amo» no era ya el mismo «yo» que la había amado. Había cambiado demasiado, ya no era la misma persona. Y sin embargo, la amaba. Es un sentimiento difícil de explicar... Intentaba aferrarme a una relación, pero me daba cuenta de que una relación nunca existe por sí misma; aprendí algo evidente: que toda relación es un vínculo entre dos personas, y yo ya no era la persona que había compartido esa relación con Elena.[48]

A menos que uno mismo cambie por completo o descubra que el otro ha cambiado de manera radical, no hay razón para dejar de amar. Cuando el amor persiste, por mucho que se intente escribir la propia historia y darle un desenlace determinado, no siempre es posible moldear el sentimiento para que encaje perfectamente en el relato. El sentimiento no sigue de inmediato a la decisión. Solo transformar los propios deseos, reorientar las expectativas o incluso cambiar de carácter, ayudándose por la distancia, puede abrir la puerta a un nuevo amor.

Volvamos a *La musica*. Anne-Marie Roche explica que su infidelidad nació de la nostalgia que sentía por su marido: «Sabes, ese gusto que uno toma por aventuras como esta, de alguien tiene que venir...». La emoción de la primera vez no siempre surge del encanto del inicio, sino del anhelo por un amor que no ha desaparecido del todo, y que el tiempo y las dificultades, el miedo y el orgullo, la indiferencia y los desencuentros han vuelto demasiado conflictivo y predecible. Anne-Marie lo engañó tanto como deseó recuperarlo. Michel, por su parte, es incapaz de dejar a Anne-Marie. Pero, ante esta vida compartida que se ha vuelto infernal, ante una separación imposible, ¿qué puede hacerse? Anne-Marie sabiamente responde: «Nada». Dejar que el amor crezca y aceptar la distancia. Asumir el paso del tiempo sin forzar un reencuentro insoportable. Hay relaciones que continúan en el silencio, en la ausencia y la separación.

Amor desincronizado y amor simulacro

En el «amor desincronizado» tiene lugar un aprendizaje del sentimiento amoroso entre personas que, en algún momento de su vida en común, tropiezan con un desajuste en sus expectativas que las atrapa en un conflicto mutuo. Algunas parejas se imponen un último intento y, aun así, siguen inmersas en un proyecto conjunto para resolver o superar sus desacuerdos. Las historias que este tipo de amor arroja transitan por senderos únicos y originales. En ellas, más que un final definitivo, la última vez suele conllevar mantener una continuidad bajo otras formas: el silencio, la amistad, el nuevo matrimonio, la convivencia. Respecto a esta última, pienso en la película *Un acuerdo original* (2018) de Romane Bohringer, en la que la directora y protagonista narra de qué modo su relación con su pareja, el actor Philippe Rebbot, cambia cuando deciden reconfigurar su hogar, con los hijos en el espacio central y cada progenitor en su propio espacio, en extremos opuestos de la casa. Si bien estas relaciones no acaban con el «esto tiene que terminar» del que hablaba Roland

Barthes en su *Fragmentos de un discurso amoroso*, están también guiadas por el aprendizaje y la reciprocidad.

Por el contrario, en la relación de dominio, a la que llamaré «amor simulacro», el vínculo imita al amor, si bien el final de aquella es anunciado desde el comienzo. Bajo la apariencia de un vínculo amoroso, subyace una dinámica de dominación. La película *5x2* (2004) de François Ozon muestra con maestría este falso amor sirviéndose de una narración invertida, en la que la historia comienza con su desenlace y termina con su inicio, con lo que el director logra conferir el mensaje de que la última vez está contenida ya en la primera. En el filme, la relación no logra madurar, pues nunca llega a convertirse en una realidad duradera. ¿A qué se debe tal estancamiento? Aquí, el que domina goza de la posesión del otro sin entregarse por completo. Es él quien impone las reglas sin revelarlas del todo, obteniendo así, mediante una sutil coacción, el consentimiento de su pareja. Eso ocurría en muchas de las relaciones de Picasso con sus amantes, como relata Françoise Gilot respecto a Dora Maar: «Dora nunca sabía de un día para otro si iba a almorzar o a cenar con él, pero siempre debía estar lista para salir si la llamaba y disponible si él decidía pasar a verla».[49]

El «amor simulacro» se basa en el engaño: solo mediante estrategias manipuladoras, sostenidas por la anulación del pensamiento crítico y la autoestima de la víctima, es posible generar esta dependencia. Lejos de madurar, la relación se anquilosa en un esquema rígido e inmutable.

Una vez, pero no dos

Pensar en nuestros últimos gestos, llenarlos de intención y esperanza, parece ofrecernos cierta sensación de control sobre el abismo del tiempo. Así evitamos los remordimientos, los arrepentimientos y la sensación de impotencia.

Reflexionar sobre este «una vez, pero no dos» que cantaba Brigitte Fontaine es crucial para no pasar por alto la belleza de un encuentro, para alimentarlo e incluso para saber dejarlo ir cuando es necesario. La conciencia de la finitud despierta en nosotros un sentimiento de responsabilidad hacia nuestros vínculos y el deseo a la vez de hacer nuestras convicciones realidad. Quienes creen estar abriendo una sucesión infinita de momentos se privan de esa dramaturgia de la libertad que el riesgo de fracasar, de perder algo para siempre, trae aparejado. Porque, si bien es cierto que una ruptura no anula la continuidad espiritual y afectiva de una relación o su perpetuación en la memoria, tampoco nos garantiza el reencuentro o su prolongación física. La vida carnal tiene un final, y esto impone, de forma algo solemne, la conciencia inevitable del límite.

Así, me gusta jugar limpio, sin sortear la presión que un tiempo limitado me impone. Cada momento posee su propia e inquietante rareza. Sentir esa inquietud es, en el fondo, saborear con humildad el paso del tiempo. Es tomárselo en serio. Y sin embargo, ser en todo momento consciente de ello resulta imposible sin el riesgo de ahogar la espontaneidad y la libertad. Otra opción es no hacer nada: los momentos en los que no tomamos la iniciativa son también valiosos. Demasiado a menudo, la vida nos absorbe y nos hace mantenernos ocupados sin permitirnos dejar que el tiempo simplemente transcurra y sentir cómo se desliza dentro de nosotros.

En suma, el tiempo requiere una conciencia alternante: por un lado, se trata de percibir el momento oportuno —el *kairós,* como lo llamaban los griegos—, recordando la finitud esencial a la vida y actuando en consecuencia; y por otro, ser capaz de entregarse al presente, de mandar al diablo el reloj y experimentar una auténtica ligereza. Hay algo, sin embargo, más inquietante aún: el ritmo del otro no es el mío. Ciertos acontecimientos me pillan por sorpresa y me llevan a descubrir un aspecto distinto e igualmente brutal del tiempo: este no es solo irreversible, es también imprevisible. Cuando alguien se va sin hacer ruido, como una vela que se apaga, ¿el impacto por no haber reconocido el momento de la despedida definitiva puede acaso erosionar para siempre en nosotros la capacidad de esperar? ¿Puede el corazón, tras haber sufrido sobresaltos que no esperaba, hallar su ritmo de nuevo? ¿Qué sucede cuando lo irreversible irrumpe de improviso y nos hace trizas sin nuestro consentimiento?

SUBIR

5

Cuando uno se va y el otro se queda

Pájaros de aquí, encima de las columnas, dadnos esta noche. Dadnos esta noche, antes de que muera de hambre la habitación vacía.

S. STÉTIÉ, *Fragmentos: Poema*

Finales anunciados y despedidas imprevistas

Hay historias cuyos últimos momentos podemos anticipar, y otras que se marchitan sin previo aviso. Una relación puede desvanecerse ante nuestros ojos, sin que lo queramos, arrastrada por una serie de circunstancias que precipitan su final. Otras, en cambio, se rompen de manera abrupta y violenta. ¿Acaso se debe a que en tales casos las últimas veces marcan un cierre definitivo, de modo que cualquier intento por prolongarlas pierde su sentido?

Sea como sea, toda ruptura inesperada e impuesta marca el fin de la vida en común. La decisión del otro nos exige aceptar tal asimetría. Lo que el otro hace de mí al decidir marcharse me obliga a un paradójico acto de generosidad: aceptar su libertad a la vez que nos sentimos atrapados en la situación que esa libertad nos impone. En el amor, como en la amistad, estas rupturas abruptas nos confrontan con el misterio de la alteridad: uno se va y el otro permanece, sin que podamos hacer nada para evitarlo.

La ruptura de las amistades juveniles

Lo viví con una de mis mejores amigas, S. Un día, tras dos años de una amistad profunda y constante, ya no la volví a ver. Tenía yo dieciocho años. ¿Por qué se fue? Lo ignoro. Incluso cuando la volví a ver diez años después, nunca se lo pregunté, ni sentí tampoco necesidad de hacerlo. La cicatrización del recuerdo me liberó de la urgencia de comprender. Pero llegar a ese punto me llevó mucho tiempo.

Durante años, confundida por su desaparición, creí que se trataba de una ausencia accidental, fortuita, reversible. Aún veo con claridad nuestro último encuentro antes de su partida, tal vez sea lo único que conservo de aquella historia, en realidad. Nos volvimos a ver un par de veces después, pero el vigor que había tenido lo nuestro se había desvanecido por completo. Nada pudo compensar su marcha, cuya importancia acabó significando mucho más que esos reencuentros fugaces. Aquel último instante sirvió en cierto modo para condensar nuestra relación e impedir toda posibilidad de recuperarla. Con el tiempo, los cambios a los que el paso de los años me fue sometiendo —y probablemente a ella también— sirvieron para mostrarme que aquella separación no solo era inevitable, sino también necesaria.

Hoy, doy las gracias por aquel adiós sin previo aviso: hasta tal punto había llegado a identificarme con ella, que el vacío en el que me sumergió su ausencia me obligó a convertirme en alguien distinto, o puede que simplemente en alguien. Una vez más, lograrlo me tomó años, durante los cuales seguí imitando en cierto modo su manera de ser. Tiempo después, como si quisiera revivir aquel trauma, o puede que intentando comprender el gesto de mi amiga, sería yo quien rompería con un grupo de amigos sin dar explicaciones. Aunque era consciente del dolor que mi decisión iba a causarles, hacerlo me sirvió para entender por qué puede alguien irse sin previo aviso. En ese momento no quería que me retuvieran ni me disuadieran: me estaba preparando para un examen importante y necesitaba serenidad; tener que justificar mi partida se me antojaba como una carga más, sobre todo después de anteriores intentos fallidos de aclarar malentendidos y recuperar la cercanía perdida. Aquel último verano juntos —unas vacaciones incómodas, las últimas— marcó el final definitivo.

Son muchas las historias con un final brusco que encontramos en los libros. A veces, el final se acompaña con una explicación; otras, es una simple huida. Con frecuencia, se trata de relaciones en las que junto a la atracción hay cierto componente de miedo, y en las que, bajo el deseo de estar juntos, subyace una velada necesidad de alejarse. En *Le nom secret des choses*, Blandine Rinkel nos cuenta la historia de Océane, quien ve desaparecer de su vida, sin previo aviso, a Elia, una amiga con la que mantenía un intenso vínculo. Los secretos y las mentiras de Elia terminan por erosionar su relación: «Ya no recuerdas en qué momento exactamente comprendiste que Elia había desaparecido de tu vida, como lo hacen en Japón los *johatsu,* esos cientos de miles de hombres y mujeres que, cada año, lo dejan todo y parten de noche para dirigirse en silencio a esos "archipiélagos de la ausencia", en los que no serán ya más que cuerpos sin nombre».[50]

Philippe Grimbert retrata en su novela *La mauvaise rencontre* la historia de Loup y Mando, otro ejemplo de amistad marcada por el desequilibrio, la traición, la inestabilidad emocional y el desgaste causado por el tiempo: «No vi nada —o puede que no quisiera verlo, y así seguir creyendo que nos complementábamos—, mientras yo empezaba a alejarme de él, quien no se hacía ilusiones».[51] Loup y Mando se han querido desde la infancia, pero un día, inevitablemente, llega la ruptura: un final repentino, pero esperado.

El último encuentro pone el cierre a una relación revelándonos su significado, de un modo que a veces ni una vida entera bastaría para descifrar. Ya se trate de amor o de amistad, una existencia construida en torno al *ser con el otro* siempre sale algo maltrecha cuando se le pone fin. Nos devuelve a una verdad que la relación había logrado hacernos olvidar: nuestra soledad. La ruptura no inventa un nuevo dolor; despierta un sufrimiento primitivo: el de la separación del Otro. Nacemos al mundo en una paradoja de dependencia y distancia irreductible con los demás, y solo nos descubrimos a nosotros mismos cuando aceptamos ambas condiciones. Apoyarse únicamente en uno mismo resulta agotador, por ello este regreso brusco a la propia individualidad nos sacude con más fuerza, porque nos enfrenta, sin escapatoria, a la esencia misma de la existencia.

Como señala la psicoanalista Anne Dufourmantelle, cuando alguien nos abandona no solo perdemos a la otra persona, sino también a quien se había convertido en el interlocutor de nuestro discurso interior: «Es, ante todo, el otro desconocido de esta voz íntima, el receptáculo de nuestros pensamientos, quien bruscamente se siente huérfano».[52] Como en un sueño en el que nos vemos cruelmente abandonados, la partida del otro nos deja atrapados en nosotros mismos y en nuestras dudas: ¿Tan insoportable resulto que tuvo que irse? ¿Habría podido evitar su marcha? Y si así fuera, ¿no podría haberme hablado con mayor claridad? Y aquel que nos recordaba lo que éramos, ¿por qué no sigue siendo cómplice de nuestro deseo?

Son muchas las relaciones que forjamos en nuestra juventud sin ser plenamente conscientes de nuestros propios límites, buscando diluirnos en el otro, borrar nuestros contornos aún inciertos con el fin de fundirnos en una identidad compartida. Pero esta ausencia de uno mismo resulta peligrosa, pues despertar de ella puede llevar a la ruptura. Anne Dufourmantelle lo describe así: «Este arrobamiento en el otro provoca terror y vergüenza, pero también adicción. Adicción porque la sensación de habitar los dos un mismo cuerpo, de compartir un mismo espacio psíquico, nos remite, sin duda, a nuestro origen fetal».[53]

A los veinte años, cuando la incertidumbre nos domina, nos aferramos a los demás para consolarnos del hecho de haber sido arrojados al mundo, para distraernos de la labor de construir nuestra propia vida. Amamos para olvidar. Hasta que, un día, nos damos cuenta de que al vivir así estamos posponiendo el salto hacia una existencia que nos pertenezca por completo. Elegir un camino, ocuparse de uno mismo, cultivar las propias facultades, deseos y potencialidades, conlleva un despertar, en el que, al volver a nosotros mismos, empezamos a sentir algunos vínculos como si fueran cadenas. La fusión absoluta con el otro no es más que un delirio que, en ciertos casos, solo encuentra su contraparte en otro extremo igual de radical: la huida.

Anunciar el fin del lenguaje

Partir significa algo: «ya no puedo quedarme». Pero ¿por qué exigimos palabras para anunciar el fin del lenguaje? Como todo sistema de signos creado para transmitir un mensaje, el lenguaje puede también manifestarse a través del silencio. Sin embargo, parece que, para dar forma a una nueva realidad, la palabra que confirma la despedida sea imprescindible. Dejar que el acontecimiento hable por sí mismo —abriendo así ante nosotros un abanico infinito de interpretaciones— es un error, pues nos priva del lapso necesario para comprender que la palabra nos concede. Durante mucho tiempo, negué la realidad de la partida de S. simplemente porque nunca recibí una carta, un correo o un mensaje de texto. Era como si para hacer frente al impacto causado por la ausencia precisara de una confirmación bien articulada.

¿Por qué cuesta tanto hablar para poner fin a algo? Puede que se deba a que el corazón aún no ha dejado por completo de latir y no es capaz de expresar con claridad la nueva dirección hacia la que se esfuerza en dirigirse. El deseo de terminar puede desconcertar tanto a quien lo alberga como a quien lo sufre.

A veces, sin embargo, las palabras pueden resultar más dolorosas que una explicación, pues el desamor siempre tiene algo de inexplicable. De esto da también testimonio el escritor Édouard Louis cuando recuerda su partida de Amiens para estudiar en la Escuela Normal Superior de París, traslado que marcó el fin de su amistad con Elena, una figura crucial en su vida tanto afectiva como socialmente. En su libro *Changer: méthode*, Louis describe los últimos momentos con ella: «Buscaba algo, una frase que decir, pero cuanto más la buscaba, más imposible me parecía encontrarla. Intentaba no llorar, porque sabía que mis lágrimas harían mi partida más real, que harían más real mi abandono».[54]

El silencio priva de expresión a quien lo guarda. Esto es lo que revela el ficticio «monólogo de Elena», que Édouard Louis inventa para dar voz a la amiga que perdió. Este ejercicio literario no es tanto una forma de recuperar su presencia como de enfrentarse al propio duelo por su antiguo yo. Su nueva identidad, ansiosa por convertirse en la persona que sueña ser, ya no necesita hablar, pero su pasado —aferrado a los vínculos y a la memoria— lo interpela, y exige una justificación.

Las palabras evitan la ambigüedad, disipan la confusión y nos ofrecen un cierre. Pero hay que recordar la ambivalencia del discurso, que obliga a aceptar la realidad y acelera la conclusión, dejando fuera tanto la negación como la esperanza. La explicación racional no alivia el desconcierto de nuestras emociones; la claridad mental no mitiga la violencia infligida al corazón. Al contrario, aviva el deseo de confrontación.

Quien es abandonado exige palabras, insaciable en su necesidad de seguir hablando, no tanto para entender aquello que ya ha comprendido, sino para aferrarse a la relación, incluso para intentar recuperar el control perdido. Porque, con frecuencia, toda relación lleva implícita una lucha de poder. Pero el abandonado no recuperará nada. Vivir la propia vida y respetar la del otro implica aceptar la pérdida. Nada nos salva del desastre.

Antes del caos

Cuanto más jóvenes somos, más por sorpresa nos toma la última vez. La conciencia del tiempo, demasiado distante todavía, nos exime de anticipar esos momentos finales. Cuando tenía siete años, mi madre me repetía a menudo que su divorcio era inminente y que debía aprovechar los últimos instantes en familia. Nunca la tomé en serio. Los niños no creen en el tiempo. ¿Y si hacerse adulto significara aceptar el sinsentido del final? Madurar es renunciar a la ilusión de controlar lo inevitable, aunque a veces podamos prepararnos para ello. Pero, con demasiada frecuencia, la vida avanza más rápido que nosotros.

Solo nos queda la destreza de reconocer esos golpes con los que el tiempo se desgarra y nos lanza a otra parte. Aceptar que el tiempo «está fuera de quicio», como dice Shakespeare.[55] Sin embargo, por más que lo ponga por escrito, intuyo que intentar entender con la razón lo que solo la experiencia es capaz de enseñarnos resulta una tarea inútil. Lo importante es aceptar que el tiempo siga su curso, no intentar retenerlo. Algunos, cuando tratan de sobrevolar los momentos o pretenden quedar para siempre atrapados en el último, acaban por hundirse en la psicosis, en la melancolía o la pérdida de la razón.

Aprisionados en un último instante

En *El arrebato de Lol V. Stein*, de Marguerite Duras, la protagonista cae presa de la locura al verse atrapada en el umbral de un instante: el momento preciso en el que la abandona su amor. La novela intenta dar voz a lo indecible, a ese abismo al que nos arroja un desamor que ocurre ante nuestros propios ojos. Lol V. Stein conoció a Michael Richardson con diecinueve años. Llevan seis meses comprometidos y su boda está prevista para el otoño. Durante unas vacaciones, asisten juntos al gran baile de la temporada en S. Tahla Beach. Lol aún no sabe que esa será su última fiesta y que está a punto de bailar por última vez con el hombre que ama. Nada anuncia lo que está por ocurrir. No se trata de una traición, sino más bien de la fatalidad, pues Michael Richardson no parece haber buscado ese desenlace. «Cuando Michael Richardson se volvió hacia Lol y la invitó a bailar por última vez en su vida, Tatiana Karl lo vio pálido, atrapado por una preocupación repentina y tan intensa, que supo que también él se había fijado en la mujer que acababa de entrar».[56]

Michael Richardson se enamora de otra mujer de manera fulminante, justo la última en llegar al baile. Se llama Anne-Marie Stretter, y Lol comprende al instante que su prometido la abandonará por aquella desconocida. La atracción entre ellos es inmediata. De pronto, los tiempos de Lol y de Michael dejan de coincidir: para ella, todo parece ralentizarse, en contraste con la velocidad arrolladora con la que el hombre al que aún ama se aleja de ella. Lol asiste, inmóvil, al nacimiento de este nuevo amor, atrapada en una escena de la que ha sido expulsada. El texto no habla del arrebato de Michael Richardson, sino del de Lol V. Stein, quien, fascinada por lo que sucede ante sus ojos, es incapaz de asimilar que esa exclusión le está ocurriendo a ella.

Las víctimas pueden pasar una vida entera intentando comprender la escena en la que han sido excluidas. Lol olvida que es ella a quien su prometido ha dejado de amar. Aunque «lo veía cambiar»,[57] completamente absorta en él, no advierte que esa transformación la borrará de su historia. Su madre llega al lugar y, solo entonces, Lol «comprende que un final se está dibujando, aunque de manera confusa, sin distinguir aún con certeza cuál será».[58] Presencia el flechazo entre Michael y Anne-Marie con tal intensidad que no se da cuenta de que, para ella, ese instante es su última vez con él. Esa inconsciencia será lo que, años después, no dejará de repetirse para sí, como si intentara capturar y entender aquel momento fatal.

A veces, la intensidad de nuestras últimas veces es tal que rozan lo extraordinario. Kant llama «sublime»[59] a aquello que desborda nuestra imaginación y comprensión, sobrecarga nuestra sensibilidad y anula nuestra capacidad de representar y entender lo que sucede. Los momentos finales tienen esta naturaleza: podemos quedar fascinados por lo que, sin embargo, se nos escapa por completo, dejándonos en un estado en el que nuestra vida no vuelve ya a ser la misma.

Rumiar el último instante —ese en el que todo se detiene y nos precipita hacia un territorio desconocido y aterrador por su novedad— es una respuesta propia del trauma. Quien queda en estado de shock revive sin cesar ese final en el que perdió lo más querido, sin haber sin embargo perdido lo más valioso: la vida. Ser testigos del colapso de nuestro propio mundo, quedar atrapados en ese minuto vacío de sentido, es otra forma de describir el aturdimiento que experimentamos cuando somos golpeados por un acontecimiento brutal.

La sorpresa es tan violenta que anula toda capacidad de asimilar lo ocurrido o formular una respuesta.

El impacto es tan profundo que exige largo tiempo hasta que somos capaces de representárnoslo. Pero en esta obsesión por repetir lo mismo una y otra vez se manifiesta «el fracaso de la horrible fugacidad de las cosas». Para Lol V. Stein, revivir ese último instante es su manera de «ralentizar la huida insensata de los veranos pasados».[60] Lol se niega a aceptar el paso del tiempo; arrastra su pasado traumático hasta el presente y deja el futuro en la sombra. Se repite a sí misma aquel instante fatal y rechaza la única forma de consuelo que podría ofrecerle la duración. «Recuerda todo como si fuera la primera vez»: es la fuerza de una memoria desquiciada que se rebela contra el tiempo. Pero en este deseo de detener el instante, Lol pierde su vitalidad, que no es otra cosa que la capacidad de abrazar el cambio y dar continuidad a la propia vida, a pesar de la interrupción brutal que esta ha sufrido. En lugar de deslizarse con el futuro, regresa a esa suerte de síncope que transformó su existencia para siempre.

La ilusión retrospectiva del «podría haber»

Revivir una y otra vez el último instante feliz antes de que la violencia hiciera su aparición: he aquí un modo de describir el trauma. En su película *Una familia*

(2024), Christine Angot confiesa que nunca dejó de pensar en lo que le ocurrió: el incesto. Aquel último momento de despreocupación la arrojó a la realidad del abuso, a la violencia de la memoria y la lucha literaria y política. Hay recuerdos que se adhieren a la piel, pensamientos que la mente repite sin descanso. Por mucho que lo lamentemos, por mucho que sanemos, no podemos escapar del eco difuso del pasado, de la claridad dolorosa de lo vivido ni del insidioso arrepentimiento de no haber sido la persona que quisiéramos haber sido en el momento que sucedió el desastre.

Con frecuencia, el último instante antes del trauma es el que tendemos a idealizar. En la oscuridad de lo incomprensible, la mente repite la escena como si procurara acercarse al otro, en un intento por reconstruir los hilos de un vínculo roto por la violencia. Nos imponemos la culpa de creer que podríamos haber hecho algo distinto. Nuestro orgullo herido nos hace imaginar que podríamos haber sido más fuertes de lo que fuimos. Comprender demasiado tarde lo que nos sucedió alimenta una ambición retrospectiva: ¿Por qué no evité aquel momento?

La persona que éramos antes del colapso ha muerto en cierta medida. Nuestra identidad en el umbral de esa última vez —tan inasible como imprevisible— queda inevitablemente fracturada o suspendida. Surge entonces un yo de reemplazo. No aparece en el momento del impacto, sino después, cuando nuestra sensibilidad ha logrado recomponerse y nuestra voluntad por comprender y defendernos ha despertado de nuevo. Ese nuevo yo es admirable, pero tiene también su punto de arrogancia: olvida de dónde viene y que se ha gestado en la vergüenza y el espanto. Su desafío es encontrar las palabras para contener la ausencia y evitar que la vida se convierta en un páramo.

Deberá delimitar el espacio que ha quedado vacío, permitir el cambio, aceptar la llegada y partida de otros, asentir al paso del tiempo y, en él, encontrar el deseo de quitar hierro al pasado. Esa es la sabiduría del superviviente.

El impacto de una ruptura que nos es impuesta supone un golpe que nos separa de una parte de nosotros mismos. A veces, ciertas separaciones no son más que un modo encubierto de regresar a uno mismo. Sin embargo, el dolor de la pérdida nos empuja a buscar un último hilo de diálogo, como si al hacerlo pudiéramos negar la distancia. El silencio resuena como una renuncia a la vida en común. En ocasiones, la obsesión por los últimos momentos parece surgir como una forma de resistirse a la realidad que se nos impone y de aferrarse a aquello que no queremos perder. A lo largo del monólogo interior que ello suscita, la persona en la que nos hemos convertido tiende a revivir la batalla final que no pudo librar. Pero en este caso, la resistencia al paso del tiempo no nos permite reconciliarnos con el futuro.

6

Desapariciones sin previo aviso

La separación, y aún más la muerte de
nuestros seres queridos, condensa de golpe, en ciertos instantes privilegiados, el
valor insustituible de la última vez.

V. JANKÉLÉVITCH, *La muerte*

PUEDE QUE SUENE EXTRAÑO, pero no recuerdo mi
vida con precisión, salvo por algunos instantes, sobre
todo los últimos. Los más emotivos o espantosos. Es
como si mi existencia pudiera reducirse a unos pocos
minutos esenciales. Mi relación con el tiempo no siempre fue así: debía de rondar los veinticuatro años cuando empecé a notar que olvidaba grandes fragmentos de
mi pasado, y eso que siempre me habían acompañado
una buena memoria y un deseo consciente de recordar.
Hasta ese momento, mi vida se había limitado a estudiar, observar, sentir, pero un día fue necesario actuar,

y tal vez fuera esa urgencia por construir la que se convirtió en detonante del proceso de olvido. La desconexión de mí misma me dejó la impresión de no venir de ningún lugar, o incluso de haber nacido ayer. Puede que las impresiones y los recuerdos que estas despertaban se incrustaran en mi piel tan profundamente que dejé de ser capaz de representármelos.

Escribir es un modo de devolver a la vida ese pasado de sensaciones y observaciones. Ciertos momentos cruciales e inesperados emergen de pronto, como destellos en la noche del olvido. Son esos puntos brillantes en el tiempo lo que permanece: las decisiones finales, las celebraciones, las desgracias. Y parecen brillar aún más cuando se corresponden con oportunidades perdidas. Nos hacen sentir culpables por nuestra pereza, por nuestra falta de atención, nos hieren. ¿Es posible poner fin a ese dolor?

Perderse una última vez

En diciembre de 2017, mi padre me llamó para darme una noticia inesperada: alguien por quien yo sentía un profundo afecto había fallecido. Una síncope se llevó a F., a los sesenta y seis años, tras desplomarse en plena calle. Más tarde supe que, tras el desvanecimiento, lo ha-

bían llevado al hospital, pero que su organismo, suma-
mente debilitado tras un largo proceso de quimioterapia,
no resistió y murió al cabo de poco. No tuve tiempo de
despedirme. Hacía seis meses que no lo veía, y me sentí culpable por ello. En su día, quedábamos con frecuencia: tomábamos algo y hablábamos de mi vida, para la
que por aquel entonces buscaba aún un rumbo, y de
la suya, que iba desdibujándose poco a poco. Siempre
sonriente, con una mirada llena de bondad y picardía, F.
—amigo fiel de mi madre, testigo lúcido de mi historia
desde la infancia— siempre me espoleaba a alimentar
mi vitalidad.

Por supuesto, hubo un último encuentro con F., una
última copa: pero de ello no conservo ningún recuerdo.
No podía dejar de pensar en ese momento que debería
haber ocurrido antes de su muerte, cuando lo habría
visto por última vez. Y ese vacío en mi memoria dejó
una grieta en mi historia y un sentimiento de culpa en
nuestra relación. ¿Por qué nos sentimos culpables por
habernos perdido esa última vez? Puede que sea porque
tendemos a figurarnos ese último encuentro como una
oportunidad única, y la consciencia de haberla perdido
añade algo más de dolor a nuestro recuerdo. Sin embargo, nadie puede vivir cada instante como si este tuviera que contar con un ritual de despedida. ¿Cómo es
posible, pues, hallar un equilibrio entre estar prepara-

do para la pérdida sin por ello vivir una existencia dominada por la perspectiva de la muerte?

Cualquier situación en la que exista cierto grado de imprevisibilidad o sorpresa puede considerarse un acontecimiento. Este, por anunciado que esté, resquebraja el núcleo de esa última vez que tan cuidadosamente hemos previsto y tan cargada de sentido. La muerte tal vez sea el mejor ejemplo de ello: tiene algo que siempre se nos escapa y que, inevitablemente, frustra cualquier intento de prepararla por nuestra parte. Toda muerte es repentina, pues por su propia naturaleza resulta inconmensurable para nuestro pensamiento, nuestra imaginación o nuestros deseos.

Todo acontecimiento provoca un cambio profundo en nuestra vida, alterando la calma de nuestra existencia, interrumpiendo bruscamente y reconfigurando nuestra historia. Su violenta irrupción nos arranca del pasado para emplazarnos en el presente. En ese breve instante, la realidad —irreductible e inasible— se apodera de nosotros, imponiéndonos en ocasiones alegría y en otras, dolor. Incluso ante el placer de un nuevo encuentro es capaz el dolor de hallar un hueco, pues aquel nos lleva a sentirnos alienados por lo desconocido, por la sensación de estar dejando atrás nuestro pasado.

De los últimos efectos a las primeras causas

En el nacimiento, en la muerte y en todo instante mágico a lo largo de la vida, el acontecimiento introduce una última vez radical, que pone el fin a una etapa. Se trata de experiencias tan intensas que empujan a nuestra mente a no dejar de buscar el insondable encadenamiento de causas y efectos: ¿Cómo pudo surgir esa última vez? ¿Existe algún mecanismo oculto que me permita controlar este destino que golpea sin previo aviso? Es de nuevo la muerte, con la dolorosa impotencia a la que nos condena, la que nos lleva a rumiar una y otra vez sobre ello, en un intento de descifrar el misterio del azar y de la providencia.

La conmoción tras el impacto nos lleva a obsesionarnos por tirar del hilo de los acontecimientos, con el fin de entender cómo pudo surgir esa última vez que no vimos venir. Como cuenta la escritora Brigitte Giraud en su novela *Vivir deprisa*: «Cuando ocurre una tragedia, intentas dar marcha atrás, vuelves a rondar los mismos lugares, reconstruyes la escena. Quieres entender el origen de cada gesto, de cada decisión. Rebobinas cien veces lo ocurrido. Te acabas convirtiendo en un especialista de la causa y el efecto».[61] En su libro, Giraud reconstruye la muerte de su pareja en un accidente de motocicleta, intentando rastrear todas esas causas que, de haber tomado otro rumbo, podrían haber evitado tal final. Esa última vez que no supimos reconocer en su momento nos trastorna: nos empuja a reconstruir toda una cadena causal que —creemos— nos hubiera permitido no solo vislumbrar el desenlace, sino incluso haberlo evitado.

Esta mirada retrospectiva es inherente al drama, como muestra también la película *La habitación del hijo* (2001) de Nanni Moretti. Devastado por la muerte de su hijo Andrea en un accidente de submarinismo, un psicoanalista se enfrasca en rememorar los últimos momentos antes del fatal accidente, en un intento por imaginar qué gestos o decisiones podrían haber evitado la tragedia que se llevó la vida de su hijo. La culpa es una forma engañosa de sufrimiento que nos hace creernos capaces de prever aquello imprevisible por definición. Pero, si logramos liberarnos de esa trampa, aún nos queda una pregunta: ¿es posible aliviar o superar el dolor de una última vez que no supimos vivir?

El dolor es inevitable. Sin embargo, ¿cómo no confundirlo con un sufrimiento que nos acompañe el resto de la vida? Estar a la altura del acontecimiento, o incluso superarlo, no se logra repitiendo la escena en la memoria ni meditando lo imposible del instante, sino proyectándose hacia el futuro: el acontecimiento nos invita a ir más allá de nosotros mismos, hacia una realidad nueva y desconocida, que esa fisura en el tiempo se ha encargado de abrir. En la película de Moretti, esa salida aparece justo al final. La familia de Andrea vuelve a unirse gracias al encuentro con la novia de su hijo, Arianna. Conversar con aquella adolescente los lleva a emprender un inesperado viaje de veinticuatro horas lejos de casa. Un desvío que vuelve a abrirlos a la vida: a la generosidad, a la risa, al amor, a la esperanza, al placer del presente.

Acoger la alteridad es reencontrarse con el tiempo. Nuestras fracturas nos enfrentan a este dilema: ¿rechazar lo nuevo o avanzar, aunque ello suponga ser infieles a lo que hemos perdido?

Atreverse a sufrir

Del mismo modo que imaginar el último instante no nos permite amar mejor, tampoco poner fin a nuestro dolor nos conduce a sufrir menos. «Para no sufrir, hay que sufrir. Es decir, aceptar el sufrimiento», escribe Cesare Pavese en *El oficio de vivir*. Hacia tal sufrimiento debe guiarnos un impulso claro y auténtico: «No una resignación, sino un impulso. Debemos digerir el mal de golpe. Quienes, por naturaleza, saben sufrir de forma impetuosa y absoluta, cuentan con ventaja: es así como

se desarma el sufrimiento, como se convierte en creación, en elección, en aceptación».[62] Aceptar el grito —no
como rechazo—, acercarnos al dolor —no huir de él, ni
negar el tiempo—, asumir la desgracia —no tomar la
imagen del ausente como si fuera real—. Hablar en voz
alta a quien se ha ido, susurrarle palabras como si aún
pudiera oírlas. No queda otra salida que la esperanza
de seguir adelante.

Lejos de ser una muestra de impotencia, aceptar el
dolor atestigua la fuerza de nuestros vínculos. El dolor
no es sino una forma de orgullo y de rebelión, un camino que debemos por tanto recorrer. En *Aurora*, Frie-
drich Nietzsche nos habla «del conocimiento de quien
sufre». La voluntad de poder, esa sutil variante de orgullo vital, acaba imponiéndose por encima de toda
destrucción. El intelecto, sacudido dolorosamente al
ver cómo su molicie y sus ilusiones se desmoronan,
intenta desafiar a su propio sufrimiento: «Nuestro orgullo se rebela como nunca había hecho; experimenta
una incomparable satisfacción defendiendo la vida ante
la tiranía del dolor y rebelándose contra todas las insi-
nuaciones de ese tirano por hacernos renegar de la vida
y representar la vida ante él».[63]

Ese orgullo se niega a ser esclavizado: comprende
que la vida no es sufrimiento, aunque en el camino
podamos toparnos con él. El dolor no agota nuestro

aliento vital, ni nuestra espontaneidad o nuestra capacidad de crecer. No hay que confundir el camino con los obstáculos. Solo debemos reparar en cómo nuestras vidas, tras vaciarse, no dejan luego de llenarse y avanzar. Ninguna ausencia hace que la Tierra deje de girar, ningún tormento altera la gravedad universal. Por más que me rebele, sé que existir es un milagro, a menudo alegre, incluso a pesar de los que ya no están. Aceptemos el dolor que ello conlleva, pero rebelémonos contra la tiranía del sufrimiento, contra su pretensión esencial de agotarnos y menospreciar la vitalidad que late en nuestro interior. Pensemos en él como un demonio que le susurra a la vida: «No eres más que tristeza, pena y dolor, no mereces ser vivida». Es él, y no la vida, el único enemigo.

Por un tiempo, debemos aceptar ser vencidos por la aflicción. Primero, porque ello indica que nuestro vínculo persiste más allá de la pérdida; luego, porque ello prueba la seriedad con la que afrontamos la gravedad de la muerte, y finalmente, porque negar la aflicción nos impide poder dejarla atrás algún día. El dolor no es indigno, la dignidad no excluye las lágrimas. La víctima no queda dañada por su sufrimiento, sino por la creencia de que ese sufrimiento la agota. El dilema es siempre el mismo: tolerar lo intolerable o luchar contra lo inevitable. Pero existe una tercera vía: sufrir con vitalidad, abandonarse a los cambios que la pérdida trae consigo. La desgracia pone a prueba la solidez de nuestros valores y nos obliga a decidir en quién queremos convertirnos al pasar por tan indeseables o terribles circunstancias; el sufrimiento no invalida la vida ya vivida ni la que aún queda por construir, del mismo modo que no nos exime de la responsabilidad de orientar nuestra existencia hacia metas significativas o hacia aquellas personas que nos aguardan, sin importar que estemos tristes o que sintamos que nuestra creatividad se ha visto momentáneamente bloqueada. Sin negar la importancia del duelo, la vida avanza sin cesar hacia su propia regeneración. Mi dolor no debe convertirse en una piel con la que deba revestir mi destino.

Tampoco decidir cuándo debe terminar un sufrimiento sirve de mucho. Como explica el psiquiatra Viktor E. Frankl, creador de la logoterapia y superviviente de los campos de exterminio, lo que pone fin al sufrimiento no es una decisión, sino un propósito. Nuestros actos, en el fondo, exigen siempre un «para qué». Sustituyamos la idea de límite por la de objetivo —que, por cierto, es una de las acepciones del término latino *finis* (fin)—. Lo que vuelve insoportable el dolor es no saber cuándo acabará, y esa ignorancia puede desmotivarnos a la hora de plantearnos nuevos proyectos. Y sin embargo, hay que proponérselos, por minúsculos o insignificantes que parezcan, día tras día, a pesar de que nos envuelva la incertidumbre.

Vivir como si fuera la segunda vez

¿Es cierto, como escribe Cesare Pavese, que «siempre hay que vivir como si empezáramos ahora y fuéramos a terminar un instante después»?[64] ¿Pensar en la última vez puede ayudarnos a amar? ¿A actuar mejor? Tal vez. Pero ¿es esa una forma de vivir feliz? Pensemos en amar el momento por sí mismo, conscientes de que ese momento es único; es el terreno fértil para toda acción posible, para toda palabra de consuelo y toda silenciosa muestra de ternura. Amar el instante como si no estuviera condenado a formar parte de una serie cerrada, como si pudiera volver, es también un modo de asumir plenamente la responsabilidad ante la propia vida. Es lo que sugiere de nuevo Nietzsche, con su idea del eterno retorno.

¿Seríamos capaces de aceptar la repetición de un mismo instante? Es una pregunta difícil, ya que no todos los instantes son felices, provechosos o creativos. Pero se trata precisamente de vivir como si no viviéramos solo una vez, sino dos. Esta idea nos invita a hacer de nuestra vida una obra, un rosario de instantes creativos que no deseemos lamentar ni pasar por alto. Se trata de sentirnos responsables de nuestra reacción ante las horas, sean estas vacías o plenas, gratas o desagradables. Más que de sentirnos siempre alegres, pues eso no parece posible, de estar a la altura de ellas. Esta idea late también en un principio formulado por Viktor E. Frankl: «Vive cada momento como si lo vivieras por segunda vez».[65] Ya se trate de la teoría del eterno retorno o de una vida vivida por duplicado, en ambos casos advierto una manera de enseñarnos a amar el instante no por lo limitado de su duración, sino por su calidad.

Si lo pensamos bien, esta hipótesis nos impulsa a amar la irreversibilidad, porque cada instante, distinto siempre al anterior, nos garantiza una novedad perpetua, incluso si forma parte de un patrón regular o repetitivo. Aunque volviera eternamente, el instante jamás sería idéntico: algo ha pasado, nos ha hecho madurar y nos lleva a ver el mundo de forma siempre distinta. En la película de ciencia ficción *Te amo, te amo* (1968), de Alain Resnais, el protagonista, Claude Ridder, participa en un experimento que lo deja atrapado en una máquina para viajar en el tiempo. Sin embargo, Claude no retrocede exactamente hacia el pasado: es siempre el mismo hombre del presente, que revive cada momento del pasado como algo que sucediera de nuevo, con lo que una y otra vez se ve transformado por él. De ese modo, Claude no hace más que continuar su devenir. Enamorado de Catrine, la máquina no lo conduce hacia los inicios de su historia de amor, sino que la continúa: ama a Catrine no como si fuera la primera vez, sino de nuevo, en una redundancia que el título del filme se encarga de subrayar. La historia muestra lo que nuestras experiencias más íntimas ya nos revelan de por sí: no vivimos un recuerdo tras otro, del mismo modo que no vivimos un presente seguido de otro presente. Transitamos por un presente que renueva un pasado, nos sumergimos en la memoria de un recuerdo que a su vez despierta otro (sin necesidad de que este se halle cronológicamente cercano), y ese otro puede proyectarnos, más allá de nosotros mismos, hacia un futuro lejano.

Frente a la tendencia a basar nuestros afectos en la idea del límite, la idea del eterno retorno nos invita a valorar el instante por su calidad intrínsecamente nueva, desafiando el hastío que podría provocar un número infinito de repeticiones. Gracias a su irreversibilidad, todo será siempre infinitesimalmente distinto. Ese paisaje que ya hemos recorrido, ese ser al que hemos ya querido, siguen siendo una sorpresa, porque juntos no dejamos de transformarnos. Al desear una y otra vez cuanto ya hemos vivido, asumimos la irreversibilidad por la cual, como escribió Jankélévitch, «todo es siempre nuevo bajo el sol, ¡incluso los nuevos comienzos!».[66]

No hay nada que podamos amar «como si fuera la última vez», pues todo es siempre una última vez. En esa verdad reside la semilla de toda posibilidad de vivir y de toda responsabilidad hacia la vida por nuestra parte.

De forma casi automática, las desapariciones hacen aflorar a la superficie el recuerdo de las últimas veces. En lo que constituye un impulso incontrolable, siempre nos sorprendemos buscando los últimos gestos de quien se ha ido, tratando de entender lo que no tiene explicación. Tenemos la tentación de aferrarnos a sus últimas señales, como si de ese modo pudiéramos negar la pérdida. ¿Cómo no perder la razón ante algo que llega sin previo aviso y sin sentido alguno? El final de una vida es una necesidad, sí, pero eso no la hace menos absurda o insoportable. Y sin embargo, vivir consiste en atravesar esa violencia. Atreverse a permanecer en el instante es también un modo de ir corroyendo el dolor. Abrirse a los demás nos ofrece un porvenir. Estar en el mundo significa aceptar tanto el sufrimiento como la alegría que pueda venir. Vivir es, al fin y al cabo, un arte lleno de contradicciones.

7

Las estaciones de una vida

> Siempre he llegado al final del verano como aturdida, sin entender bien qué ha pasado, pero sabiendo que es demasiado tarde ya para vivirlo.
>
> M. DURAS, *La vida material*

HABLAR DE LA ÚLTIMA VEZ es proponer una filosofía de los umbrales: estamos inmersos en un flujo continuo, que no impide, sin embargo, la aparición de interrupciones, de rupturas o saltos, en ocasiones evidentes, otras imperceptibles. Podemos cruzar estos umbrales de forma discreta y sin sufrir las consecuencias, o bien de forma brusca, alterando visiblemente nuestro equilibrio, nuestro cuerpo o el modo en el que nos relacionamos con el mundo.

Al igual que la identificación de las primeras y últimas veces, esta idea del umbral entra en contradicción con nuestra experiencia, que tiende a desplegarse como una duración, como el flujo indivisible de una melodía. Cierto es que lo seccionamos, y que distinguimos en él un pasado, un presente y un futuro, apoyándonos para ello en los hechos o en otros elementos que nos permiten trazar una línea divisoria. Sin embargo, nuestras referencias temporales son de una naturaleza distinta a la de nuestra existencia continua. Nos sirven para organizarla y darle cierta coherencia, y nos permiten de ese modo relatar nuestra historia. Pero, en la mayoría de los casos, la última vez es más bien una construcción mental, un concepto narrativo que usamos para dar sentido a nuestra vida. Solo se relaciona con la idea de final parcialmente, pues en la vida casi todo se prolonga y se transforma.

Pero ¿acaso no hay acontecimientos capaces de quebrar súbitamente esa continuidad de la vida, marcando así un fin del tiempo, anulándolo incluso por completo? El nacimiento y la muerte, ciertos encuentros, ¿no son también formas de clausura?

La carne del tiempo

Lo que ha sucedido sigue resonando en lo que ocurre y en aquello que está por venir. Lo lejano a veces se anuncia ya en lo más antiguo, y viceversa. Nuestra sensibilidad y nuestra forma de ser se alimentan de esas vivencias, que al mismo tiempo irrigan cada nuevo acontecimiento. Como explicaba Bergson en su *Ensayo sobre los datos inmediatos de la conciencia*, el tiempo no es espacio: lo que dura no se proyecta sobre un fondo inmóvil, y lo que se mueve no es el resultado de una suma de imágenes fijas. Nuestra temporalidad no es, pues, una sucesión de segmentos bien definidos. Cada momento anuncia al siguiente, que a su vez resuena todavía en el anterior. En ese sentido, como escribió Jankélévitch, por el devenir irreversible y continuo, «cada primera vez es también una última vez, y cada última vez una primera».[67]

Todo fluye, sin detenerse. Así, remontarnos hasta las últimas veces o pensar en las posibilidades de nuestra existencia no deja de ser una ilusión retrospectiva, dada la naturaleza fluvial del tiempo. Del mismo modo que una melodía no se reduce a su partitura —pues el tema atraviesa cada instante y los momentos se entrelazan unos con otros—, nuestro destino se desarrolla en cada una de sus estaciones, que se llaman, se interrogan, se responden entre sí. Las notas y secuencias de nuestra vida se funden, se mezclan; lo ya pasado sigue resonando en este presente, que a su vez anuncia algo más que a sí mismo. El todo no se reduce a la suma de sus partes, sino que las sobrevuela y las nutre. En eso, la vida se parece de nuevo a la música o al sonido: en que sus unidades se entrelazan y resuenan de principio a fin.

En cierto modo, las primeras veces de la infancia parecen más «primeras» que las que vivimos en la vejez, y, a la inversa, las últimas veces de la vejez nos resultan más definitivas que las de la juventud. Sin embargo, la plenitud de la vida también tiene sus atardeceres, así como la vejez conoce sus renacimientos. A pesar de este sutil entrelazamiento entre lo primero y lo último, tendemos a percibir nuestra vida como un relato organizado en torno a acontecimientos concretos que marcan pausas, desvíos, giros o incluso cierres. Esas horas decisivas, más intensas que otras, segmentan nuestra existencia y dejan, durante más o menos tiempo, cierto regusto en el corazón, aunque no siempre seamos capaces de sentir de inmediato que algo está empezando de nuevo. Necesitamos esos hitos para ordenar nuestras vivencias, a menudo dispersas o caóticas, y darles un sentido, aunque ello pueda conllevar el precio de creer demasiado en esas cesuras o en las nociones de principio y final.

Mis primeras últimas veces

En ocasiones, las cosas ya no suceden igual, y «ocurre que, en la sucesión de minutos indistinguibles e intercambiables, algunos minutos un poco más solemnes se desprenden: el comienzo y el final delimitan períodos, fases, lapsos, secuencias, entre los cuales la duración vivida se articula».[68] Los momentos de alegría inmensa nos arrancan del tiempo y nos llevan directamente a la eternidad. A veces, vuelvo a recordar los logros de aquellos a quienes quiero, mis encuentros más significativos o mis propios triunfos. Son experiencias tan memorables que siguen estando disponibles en mi memoria. Las mías, no obstante, las guardo a buen recaudo, procurando no desgastarlas demasiado.

Y luego están esos momentos del tiempo en los que el ritmo de mi vida cambió, llevándome a adoptar otra mirada sobre sí misma, liberándome o, por el contrario, volviendo mi existencia más opresiva. La conmoción o la pena también tienen la capacidad de interrumpir y transformar. Tal vez se deba a que la infancia es especialmente sensible a esos impactos decisivos, en los que las aspiraciones se confirman o las ilusiones se quiebran: por ejemplo, con siete años, al morir mi bisabuela, comprendí que no vivimos para siempre.

Además de la muerte, también el nacimiento es un acontecimiento con un algo de absoluto: necesitamos marcar un «antes» y un «después», una última vez en esa vida sin ese ser, una primera vez con él. Recuerdo claramente el último momento en el que fui hija única, antes de que naciera mi hermana. Estaba inquieta por lo que pasaría tras su llegada. El tiempo empezó a fluir de otro modo: tal vez mi soledad consciente comenzó ahí, cuando entendí que mis padres necesitaban amar a otra persona. Tuve que aprender a compartirlo todo: personas, vínculos, objetos. Comenzó entonces una nueva etapa, esa en la que el niño deja de creerse el centro de todo, relativiza su poder absoluto y empieza a pensar en lo que implica una relación. Ya no volvería a vivir el vínculo con mis padres como un eterno cara a cara; tendría que aprender a convivir con la presencia de un tercero, pasar por la prueba de la separación, incluso asumir que iba a ser comparada con otro. Tras pasar por ello, descubrí mi nuevo lugar, desplazado del centro de la mirada de mis padres. Había dejado de ser solo una hija: ahora, era también una hermana.

No mucho después, fui testigo de los últimos momentos de vida en común de mis padres. Tenía siete años y estaba sentada con ellos en la terraza de un café en Saint-Malo. No fue tanto que el tiempo pasara de otra manera, sino que, de pronto, pareció detenerse. Mi padre, que siempre me había parecido una persona cálida y divertida, se volvió sombrío y distante. ¿Por qué nos había reunido a las dos, a mi madre y a mí, para hablarnos de su decisión de convertirse en actor? Quería advertirnos de que la vida que compartíamos no sería ya la misma, y que su ausencia pasaría a ser parte esencial de ella. Como todos los niños, lo entendí perfectamente: supe que se trataba de una huida del hogar, de una búsqueda de su propio padre y de muchas otras cosas que no era posible decir. Comprendí que mi tiempo con él, tal como lo había vivido —un tiempo de juegos, de ternura, de cercanía—, se terminaba. Aprendí que, pese a todo, el matrimonio y los hijos no obligan al corazón a perdonar ni a seguir amando.

Realizar la vida: un montaje en secuencias

En la alegría de un encuentro o de un nacimiento, tendemos a mirar hacia el futuro y a dejar el pasado atrás. Ante la desgracia de una pérdida irreparable, en cambio, solemos volver a la última vez, como si aún habitara en ella la presencia de quien no se halla cerca, o de quien no está ya en este mundo. Nos refugiamos y sufrimos a la vez en esos capítulos finales, o casi finales, en los que la historia parece querer seguir su marcha. La muerte nos da la sensación de marcar una última vez más absoluta que cualquier otra. Pero, si bien pone fin a una existencia física, ¿rompe definitivamente el vínculo? Mi memoria y mi relación con los que ya no están parecen desmentirlo, y proclamar en cambio que las últimas veces materiales no suponen necesariamente el fin de una relación.

En ocasiones, los cambios son rupturas tajantes que dividen nuestro tiempo o le imprimen otro ritmo. Toda vida está hecha para atravesar esos impactos que la van puliendo con el tiempo. Las heridas visibles, las cicatrices más crueles, aunque no siempre son necesarias, no hacen sino modelar nuestra individualidad. También el dolor, aunque pueda parecernos estéril, es capaz de revelarnos ciertas ilusiones o ayudarnos a liberarnos de ellas. Estas fisuras del tiempo —buscadas o inesperadas— arrastran con ellas las últimas veces memorables, que marcan el inicio de nuevas etapas. Nuestra vida fluye sin detenerse, pero también se repliega sobre sí misma en ciertos encuentros bruscos o imprevistos. De nuevo Jankélévitch: «El límite relativo recorta dentro de la continuidad una sucesión de épocas y lapsos temporales que solo después se redondean, como sucede con los períodos conclusos de mi ya desvanecida juventud [...]».[69] Rara vez somos plenamente conscientes de esos giros, pero el estruendo del cambio nos permite volver la vista hacia esos últimos momentos que abrieron la puerta a nuevas tramas.

Algunos de esos instantes siguen resonando en mí, porque gracias a ellos mi vida cambió —o quizá fue mi mirada la que adoptó una perspectiva distinta sobre la existencia—. Esos episodios clave, esas últimas veces entre muchas otras —la muerte, la llegada de un tercero, la separación de un ser querido— son ritos de paso que nos inician tanto en el dolor de la pérdida como en la naturaleza cambiante y frágil de la vida. No cortan necesariamente los lazos, pero sí el modo en que convivimos con los demás. Por eso introducen cierta idea de final, entendido este como interrupción. Una interrupción que no conlleva siempre madurez ni un cierre satisfactorio de las situaciones o relaciones, y que, por el contrario, puede acarrear frustración. Pero en cualquier caso, son interrupciones que han tenido lugar, y que muchas veces reaparecen en experiencias similares. La última vez significativa funciona como un hito temporal: inaugura un tema o una pregunta que pasamos la vida intentando comprender o aceptar.

Las grandes últimas veces, aquellas que marcan en nosotros ese antes y después tan arbitrario como inevitable, traen consigo finales y nos revelan las épocas en que se divide nuestra vida. Nos hacen pasar de una forma de vivir a otra. Y aunque se trate de escenas propias, en ellas reconozco giros que todos hemos vivido, cada cual en su momento. Son parte de esas comedias humanas universales que sellan el final de una ilusión, de la estabilidad de una familia, de un modo de estar juntos. Son acontecimientos que permiten que la memoria —cuando el dolor no nos abruma— regrese con precisión al umbral del cambio, a esos pliegues en el tiempo que nos transformaron.

Si identificamos las últimas veces, es también porque entendemos la vida como un aprendizaje: comprendemos que haber logrado el equilibrio no nos garantiza que este permanezca, ni nos asegura que siempre seremos capaces de adaptarnos a las nuevas circunstancias. Vivir exige un trabajo práctico: encontrar una armonía posible entre lo que los otros han hecho de nosotros y lo que queremos llegar a ser.

Los últimos cuerpos de una mujer

Algunos pasos de una etapa de la vida a otra se recuerdan, se relatan; otros se viven directamente en el cuerpo. Solo hablaré del que conozco o acaso del que conozco mejor: el de las mujeres. Más que cualquier otro, el cuerpo femenino está marcado por un tiempo tanto biológico como social. Desde la escuela, nos enseñan su temporalidad cíclica, que lo hace especialmente sensible al paso del tiempo y a los cambios que este impone. Es un cuerpo que guarda memoria de sus épocas, de sus transiciones hacia lo que vendrá.

Mi cuerpo de niña era un cuerpo limitado, pero también deseoso de enfrentarse al mundo. En el patio del colegio, me gustaba jugar con las niñas, pero sobre todo con los niños: me había dado cuenta de que a ellos se les permitía desahogarse, gritar, pelear. Olían a libertad. Aunque las medias y los vestidos ajustados que mi madre me obligaba a llevar limitaban mis movimientos, sentía la necesidad de medir mis fuerzas con ellos, en los juegos, las discusiones y las peleas. Percibía ya ciertas diferencias en la forma de socializarnos y educarnos, pero aun así me empeñaba en tratarlos como iguales, como compañeros sin distinción.

Tal vez esa actitud tenía que ver con cierta libertad que me dio mi padre, quien me proponía juegos «de niños». Pero, aunque algunos me aceptaban en sus juegos más físicos, mi deseo de rivalizar con ellos ya traicionaba una intuición: la de las jerarquías que me impondrían. Simone de Beauvoir lo expresó con claridad en *El segundo sexo*, al hablar de esas niñas que quieren medirse con los niños: «La niña a la que se le prohíben esas hazañas y que, sentada a los pies de un árbol o de una roca, los ve triunfar por encima de ella, se experimenta, en cuerpo y alma, como inferior».[70] Yo sentía que mi rivalidad no borraba la ilusión de igualdad, sino que marcaba su final. Fue mi última vez en el territorio de lo indiferenciado.

La entrada en secundaria confirmó lo que ya presentía. Un nuevo teatro, el de la comedia de los géneros, nos esperaba tras dejar atrás la infancia. Comenzamos a representar una obra menos libre, menos espontánea. De manera tácita, se impuso una distancia entre niñas y niños: ya no compartíamos la complicidad de estar juntos frente a la autoridad de los profesores, los vigilantes o los padres. Recuerdo la tristeza que me invadió a comienzos de los años 2000. De pronto, atrapados entre el deseo y la repulsión, empezamos a desconfiar unos de otros. Ya no éramos capaces de estar tan cerca. Los cambios en nuestros cuerpos y la revolución hormonal que vivíamos nos impusieron diferencias que no se tradujeron en una mayor complicidad. Los chicos, convertidos en adolescentes, empezaron a mirar a las chicas no como compañeras de juegos, sino como objeto de burla o de deseo. A las chicas, por su parte, se las estimulaba a resultar atractivas, a hablar entre ellas sobre su imagen —con complicidad, sí, pero también rivalizando entre sí— o sobre la de los chicos. ¿Cómo es posible que esas nuevas normas se extendieran con tanta eficacia? ¿Y cómo pudimos asumir, sin resistencia, la incomodidad, la distancia, la prudencia?

Muchas mujeres recuerdan con claridad ese momento, sobre todo porque los exámenes médicos nos obligan a registrarlo: la fecha de la primera menstruación marca también el adiós a la vida de niña. La regla anuncia, de forma brutal, el final de la infancia. Es una muerte simbólica: de nuestro pequeño cuerpo y de nuestra identidad infantil. Más aún que las nuevas formas que nuestro cuerpo adquiere, el primer sangrado trae consigo una extraña sensación de pérdida. Recuerdo haber pensado: «Durante décadas, mi vida ya no será igual. Tendré que sufrir, elegir con cuidado mi ropa, limitar mis movimientos, estar atenta ciertos días del mes para evitar cualquier accidente». Un día, como todas, dejé atrás mi cuerpo de niña. Fue mi última estancia en el país de los niños perdidos. Ese cuerpo libre, ese cuerpo del pasado, había durado menos que el que vendría después. A partir de entonces, podría adelantarse a mí, imponerme responsabilidades, consecuencias. Vendría acompañado de un dolor crónico, de una inquietud constante por las miradas ajenas —a veces confirmada por agresiones— y con una fecha de caducidad. Es un cuerpo más pesado que el de los niños, más pesado que el de la infancia. Para muchas, hace falta mucho tiempo para habitarlo sin vergüenza, para apropiárselo y aceptarlo.

En las mujeres fértiles, esta transformación corporal es continua y crónica hasta llegar a la menopausia. De repente, o casi, el fin de las reglas —por muy liberador que sea— se asocia con una infertilidad que la sociedad tiñe de vergüenza, de decadencia y de vejez, y eso empaña en parte su alivio. Ese momento último, la esterilidad, se vive como un punto de inflexión: esperado y temido a la vez. L. me confía su nostalgia por la vida sin hijos, y al mismo tiempo la ausencia de arrepentimiento por haber sido madre: «Veo la vida sin hijos como una vida de libertad, en pareja, sin obligaciones. Una especie de paraíso lejano. Pero no la echo de menos, porque antes de quedarme embarazada, vivía con el miedo de no poder tener hijos». Aunque algunas mujeres desean una vida ajena a la maternidad, el periodo de fertilidad sigue siendo un punto de referencia crítico: en torno a él se decide una auténtica forma de posicionarse en el mundo.

Este punto de inflexión confiere también un nuevo significado a la menopausia. La última menstruación puede ser dolorosa para quienes se identifican por completo con la maternidad, o para aquellas que, aun no habiendo tenido hijos, sienten como una pérdida irreparable la desaparición de esa posibilidad asociada a la juventud. Al recordarnos la vejez, ese último sangrado se acompaña de otros síntomas que no traen de inmediato el equilibrio, sino el temor al cambio. Se abre entonces una etapa de adaptación a un cuerpo nuevo, que abandona su ciclo biológico y se rige por una temporalidad más social, más vinculada a lo que pasa fuera que a lo que ocurre dentro. La última vez como niña, la última vez fértil: ambos son hitos profundos en la vida de una mujer, raíces que se hunden en lo más íntimo de su ser.

Convertirse en un cuerpo grávido, el cuerpo de la maternidad, pone fin al cuerpo sin hijos. ¿Viven las mujeres ese cambio como un paso, como una transformación súbita? ¿Se despidieron de su último día como mujeres sin hijos? A aquellas a las que pregunté, el miedo a que el embarazo no llegara a término les impidió ser conscientes, al principio, de tal revolución. L. me lo cuenta sin rodeos: «Sí, me imaginaba que todo iba a ser distinto y que no podría seguir viviendo como antes. Pero seguía siendo algo lejano, teórico. Fue con el alumbramiento, y en los días que siguieron a este, cuando realmente lo sentí». V., por su parte, recuerda sus últimos días de embarazo: «Antes de parir, disfruté de las últimas sensaciones, de notar cómo se movía; grabé imágenes de mi vientre, hice fotos... pero todo resultaba algo irreal. Me costaba imaginar lo que vendría después».

Ingrid Thobois lo expresa muy bien en *La maternité: qu'est-ce que ça change?*: «Irreversible como el nacimiento y la muerte, la maternidad es un giro del que no se regresa».[71] La autora, que fue madre a los cuarenta, habla de la maternidad como una entrega feliz, pero que la llevó a olvidar su tiempo propio. Ser madre parece venir acompañado de muchos olvidos: del cuerpo embarazado, de sus sensaciones. Como si la madre, abrumada por los mil cuidados que exige un bebé, viviera a tal velocidad que no tuviera tiempo siquiera de advertir sus últimas veces: la última como mujer sin hijos, como embarazada, como parturienta e incluso como madre primeriza, desbordada por un hijo «poderoso como el viento, cambiante como la luz»,[72] ya crecido, ya mayor e independiente. Quizá ser madre signifique, precisamente, no tener tiempo para mirarse siéndolo. Sin tiempo para el adiós, sin memoria del pasado ni del presente.

La maternidad es, así, una experiencia radical para el cuerpo y la mente, que arrastra a ambas hacia los extremos y hacia una serie de últimas veces. Solo más tarde se describe como un adiós al cuerpo que nunca llevó vida dentro, y a una existencia absolutamente solitaria. Esa experiencia se parece a un movimiento que, más que cualquier vértigo, nos permite salir del tiempo. El nacimiento nos lanza de lleno a nuestra infancia, incluso al pasado remoto de nuestras antecesoras, al tiempo que nos proyecta hacia el futuro. La maternidad sería, entonces, una experiencia fuera de la temporalidad lineal: una navegación afectiva y temática por los rincones de nuestra historia. La madre entrelaza su cuerpo, su memoria y su vida con los de quienes la precedieron —vistos ahora con otra perspectiva— y con su descendencia. No se trata ya de un paso del tiempo, sino de una extracción fuera del tiempo social común, fuera del tiempo propio, hacia un tiempo de la memoria y del linaje.

Sin sentirse otra persona, la maternidad ofrece a quien la vive una sensibilidad nueva: más sensible al dolor de los niños, menos preocupada por su propia muerte que por la del otro. Diferente a sí misma, se convierte también, a los ojos de sus hijos, en alguien que nunca fue antes: «No me convertí en otra, pero me convertí para otros en alguien que antes no había sido para nadie».[73] Convertirse, a través de un aspecto de la vida, en un ser inédito: una madre. Durante mucho tiempo, sus hijos no imaginarán que su madre fue alguna vez otra mujer, esa mujer previa a la maternidad. Pero, por irreversible que sea, ser madre —biológica o adoptiva— no borra en realidad a la niña, a la adolescente, a la mujer, pero en muchas ocasiones no es hasta que los hijos maduran y se alejan, que esos otros rostros aún presentes logran emerger, hacerse visibles, ser reconocidos.

Ser madre o padre es, en el fondo, quedar embarcado en un futuro lejano: el de quienes vendrán después. Es cierto que esta experiencia nos hace envejecer, en tanto acelera la existencia y nos impone nuevas responsabilidades. Pero también altera, muchas veces, la memoria de lo que fuimos antes. El padre o la madre olvidan al niño y al adolescente que fueron, a veces para siempre. Ese tránsito sin despedida, sin conciencia de aquella última vez como niño, es un olvido que pesa. Convertirse en madre o padre implica un nuevo poder —incluso, a veces, el de volverse un modelo idealizado—, pero también una nueva responsabilidad: resistir la tentación de sentirse omnipotente. Proteger la infancia ajena exige no renunciar jamás a la propia. Para eso, habría que volver a ese recuerdo anterior a la maternidad, anterior a la autonomía. Al fin y al cabo, hay transformaciones que no deben rehuirse, reminiscencias que resultan esenciales para seguir conectados a la vida en todas sus edades. Algunas últimas veces es preciso conservarlas, para no perder del todo las etapas que tiñen, o incluso trastocan, sin por ello cerrarse por completo.

La vida en pareja

La maternidad evoca la experiencia de ser-para-otro y de ser-habitada-por-otro. Es el paso de una vida centrada en una misma a otra con nuevos personajes.

Cuestiona, con cierta ironía, ese principio filosófico tan extendido de la soledad originaria. Sí, estamos solos ante nuestra muerte, nadie puede ocupar nuestro lugar ante ese destino. Pero ¿acaso asumir la maternidad no nos lanza a una existencia permanentemente habitada por aquellos que nos importan? Tal reflexión puede hacerse extensiva a la vida íntima compartida con otra persona —en pareja— o con varias —en comunidad—. La vida en pareja es, sin duda, un desplazamiento, a veces incluso una salida de uno mismo, una ruptura con el ritmo habitual, en la que nos sentimos arrastrados por la fuerza de una nueva órbita, la de esa alianza con otro ser.

Ese desplazamiento, alegre e inesperado —aunque a la vez deseado—, nos absorbe con tal intensidad que puede hacernos olvidar lo anterior: olvidar el recuerdo de aquella vida en la que la revolución aún no había tenido lugar. A veces no me atrevo siquiera a dialogar con esa memoria solitaria, para así dejar espacio a una memoria de dos. Este paso feliz, al que nos entregamos a menudo con rapidez, nos hace olvidar la piel que hemos dejado en el camino. Hay movimientos vitales que, por radicales que sean, pasan inadvertidos en el momento, ocultos tras la emoción, la alegría o la curiosidad por el futuro. En toda historia surgida de pronto —como caída del cielo o aparecida tras una esquina cualquiera— avanzamos hacia lo desconocido olvidando lo que dejamos atrás.

Y sin embargo, es fundamental saber a qué renunciamos para sostener con más fuerza nuestras decisiones, para no lamentarlas cuando nos cueste sostenerlas, para saborearlas más plenamente cuando nos hagan felices. En cada encuentro —y aún más en una unión— decimos adiós a una forma de vida solitaria y errante. Si el desamor lleva a muchos a reivindicar las virtudes de la soledad —yo misma lo he hecho muchas veces—, también hay que admitir lo que el compromiso nos ofrece y nos permite dejar atrás. Dejemos de lado las sospechas que rodean elegir vivir en pareja, como mera huida del estigma social de permanecer soltero, como alternativa al peso económico y material de permanecer solo o como fruto del miedo a no construir nada tangible: toda unión supone una forma de culminar felizmente una soledad que, aunque fértil, no amplía tanto nuestra vida como lo hace el encuentro.

Amo la soledad. Sin ella no habría podido cursar mis estudios, ni construirme como individuo. El soliloquio nos da una libertad que nos permite todo tipo de encuentros: con personas, tiempos y lugares tan variados como uno desee. Pero, a pesar de su riqueza, el modo de vida en solitario funciona como una suma —o una resta, si se acompaña de pérdidas, fracasos o carencias—, porque las distintas libertades que se cruzan en nuestro camino corresponden siempre a personas que, aunque cercanas, suelen mantener una distancia prudencial y únicamente se suman a nuestra vida durante lapsos breves y delimitados. Cuando vivo sola, quienes encuentro no socavan mi calma diaria. En cambio, comprometerse a convivir —en pareja o en comunidad— es una forma real y arriesgada de multiplicación... y de división, si todo se rompe. Compartir el día a día, entregarse al otro —quien a su vez también se entrega— implica una mezcla íntima, perturbadora, alienante, a veces incluso sacrificada.

Pero esa posible alienación viene acompañada de un incomparable descubrimiento: los otros son viajes. Vincularse con alguien a través de lazos morales, legales, económicos y afectivos es asumir un riesgo enorme, pero también profundamente significativo. El amor —y su aspiración a dar y conocerse por completo— amplía el sentido y la dirección de la vida. El vínculo íntimo nos ofrece algo que ni siquiera la mejor soledad puede igualar: una aceleración existencial. Si, como escribe el filósofo Emmanuel Levinas, «para un sujeto solo, el futuro, el instante virgen, es imposible»,[74] entonces el amor vivido cada día ensancha nuestro tiempo: el otro, en su misterio infinito, me ofrece un futuro inesperado, lleno de posibilidades. Es su irrupción la que me hace comprender de verdad lo que la sorpresa, la novedad, el cambio de ritmo o el deseo de lo otro significan.

Empezar una relación no supuso el final de mi libertad ni de mi creatividad. Fue, más bien, el cierre de una etapa en la que vivía, dormía y comía solo para mí; en la que cada amanecer era solo mío; en la que la alegría y los descubrimientos únicamente tenían sentido porque reforzaban mi mundo interior. Se cerró así una forma de independencia que no aspiraba a compartir nada íntimo ni arriesgado, que evitaba la afiliación o la negociación de la libertad y de las propias ideas. Las concesiones sobre la necesidad de tener siempre la razón, sobre la búsqueda pura de la verdad o sobre la defensa de mis propios intereses empezaron a encontrar, poco a poco, sus límites. Con el tiempo descubrí que también ahí había una última vez: el final de una vida en primera persona.

Contar la vida mediante sus últimas veces

Vivir las últimas veces no siempre es posible. El tiempo puro, ese «surgimiento de novedades imprevisibles», como lo definía Bergson en *La evolución creadora*, no siempre tiene la delicadeza de anunciarse, o de advertirnos siquiera. Estar vivo consiste precisamente en enfrentarse a esta temporalidad caprichosa y singular, que, al igual que la del otro, escapa a nuestro control. Los acontecimientos que vivimos son giros en los que, sin previo aviso, nuestra historia se ha torcido, se ha roto o ha tomado simplemente otro camino.

En su obra *El descubrimiento de lo cotidiano*, el filósofo Bruce Bégout defiende la idea de que ciertos fenómenos como el amor, el nacimiento o la muerte rompen la repetición que estructura nuestra vida ordinaria, para devolvérnosla de un modo distinto. A mi modo de ver, esos acontecimientos nos invitan a volver sobre las últimas veces de nuestras vidas; aquellas que parecen haber provocado un verdadero final o un giro decisivo. Punto de referencia narrativo o construcción mental, toda última vez que logramos identificar da la impresión de sacarnos del flujo de impresiones banales para despertarnos a las cualidades del tiempo: su irreversibilidad, su densidad, su porvenir. Por fin sentimos aquello de lo que, distraídos o felices, tendemos a alejarnos.

A pesar de los golpes inesperados que conllevan, hay que vivir esas últimas etapas. Superarlas —o no—, y en algún caso incluso renunciar tal vez a ellas. A veces, algunos parecen detenerse, permanecen inertes, reducidos al estado de un mecanismo averiado de manera ya definitiva. El disco rayado no deja de volver una y otra vez al último instante reconocible de la vida. Y sin embargo, existir es, en esencia, aceptar el devenir y pasar de un estado a otro, es dejar que el tiempo pase por nosotros, y en nosotros, para deslizarnos hacia ese algo distinto que en muchas ocasiones ya somos. El sufrimiento de envejecer proviene a menudo de ese rechazo a aceptar el yo que hemos llegado a ser y, de ese modo, participar en el devenir.

Inadvertidas, nuestras últimas veces pueden ser recuperadas por la memoria y meditadas para comprender qué dejamos atrás o qué hacemos surgir con ellas. Buscar una correspondencia perfecta entre nuestras expectativas y los resultados, entre lo esperado y lo que finalmente ocurrió, es una tentativa fútil. La historia da buena cuenta de ello: son pocos quienes podrían afirmar que han cumplido plenamente con lo que habían proyectado. Inevitablemente, el vaivén de los encuentros, los obstáculos que sortear o las oportunidades inesperadas acaban por desviarnos. Y, como escribe Simone de Beauvoir, aun para quienes parecen haber logrado sus metas, «ningún instante de ninguna vida podría cumplir las promesas con las que enloquecía mi crédulo corazón».[75] Siempre permanece cierto desfase entre el sueño y la realidad, entre nuestro imaginario abstracto y su realización concreta. Lo único que poseemos con certeza es el pasado, cuyas últimas veces actúan como faros en un tiempo nocturno sin reposo.

ESPERAR

8

La vida es un viaje

Nada resiste al paso del tiempo. Tú que
has conocido el Océano, los monstruos
y el Elíseo, ¿serás aún capaz de reconocer
las casas, tus casas?

C. PAVESE, *Diálogos con Leucó*

NINGÚN VIAJE A LA MEMORIA permite regresar realmente al pasado. Uno de los rasgos inviolables del tiempo es su irreversibilidad. Solo los viajes en el espacio
físico nos permiten ir de un punto a otro y regresar.
Tras cruzar el océano y llegar a América, Cristóbal Colón pudo volver a casa y emprender así nuevas expediciones. Incluso el viaje más lejano deja abierta la posibilidad de repetir la aventura. Sin embargo, la aventura
en sí parece tener un carácter único e irrepetible, enmarcado por una primera y una última vez. ¿Es posible
realmente repetirlo?

Cuando regresamos de un viaje, el trayecto de vuelta puede nutrirse de la idea de volver de nuevo a ese lugar lejano en el que hemos sido felices. Hay paisajes que no nos resignamos a contemplar una sola vez. En estos casos, la pregunta por la última vez puede enfundarse el rostro de un desafío: ¿osaremos regresar a ese lugar en el que degustamos la felicidad o en el que logramos sentirnos realmente en casa?

De la Fontana de Trevi a la aventura otomana

Pienso en aquel viaje a Roma, una de las ciudades que más placer me procuró descubrir y con la cual sentí de inmediato una familiaridad profunda. Aún me veo lanzando una moneda a la Fontana de Trevi, con la idea de asegurarme mi regreso: «Así volverás a ver la ciudad algún día», me animó mi madre. Me doy la vuelta, dándole la espalda al colosal Neptuno esculpido por Bracci, y lanzo la moneda por encima del hombro mientras le pido a la Ciudad Eterna que me reciba otra vez... y a continuación me inclino hacia el estanque y descubro un montón de monedas, una montaña simbólica de nostalgia romana, un verdadero naufragio de plegarias fallidas. No obstante, aquel ritual, con el que pretendía ahuyentar el adiós y aplazar el último viaje, me encantó, y al parecer, funcionó, pues treinta años después de nuestro primer viaje mi madre y yo en efecto regresamos.

Es mi madre precisamente con quien asocio la idea de viajar. Siempre me empujó a moverme. Me hizo subir a trenes con diez años, o a un avión con doce. A los cuarenta, ya divorciada, demostró ser lo bastante audaz como para embarcarse sola con sus tres hijos en una travesía hacia el sur de Esmirna, en Turquía, hasta un remoto pueblo frente al mar Egeo. Pasamos un mes entero en aquel rincón poblado por pescadores, del que una amiga suya nacida en aquellas tierras le había hablado. Yo contaba a la sazón catorce años y pude gozar allí de una felicidad sin fisuras. Nos prometimos volver al año siguiente. Aunque fuera muy distinto, aquel segundo viaje resultó tan maravilloso como el primero. ¿Fue el último de aquella aventura otomana? A menudo me lo pregunto. A veces, al hilo de una conversación o de una mirada, nos susurramos el deseo de regresar, sin saber si podremos realmente hacerlo. No se trata solo de una cuestión logística; tememos no volver a sentir el mismo encanto de aquella experiencia hoy ya lejana. Además, aquel viaje tuvo lugar en un momento muy concreto de nuestras vidas, en el que ambas necesitábamos salir de nosotras mismas. Fue el primer verano en que sustituimos nuestras rutinarias vacaciones bretonas en casa de los abuelos para lanzarnos a la aventura. Al romper con sus costumbres, mi madre descubrió un nuevo itinerario, libre y solitario. Aquellas nuevas tierras encarnaban para ella un gozoso adentrarse en lo desconocido.

Perdidas en un pueblo que apenas era posible hallar en el mapa, nos dedicamos a observar con atención a sus habitantes; los escuchábamos sin entender del todo lo que decían, únicamente movidas por una gratitud inmensa ante la calidez con que nos acogieron y su apacible forma de vivir. Aprendí rápidamente su lengua gracias a Neijmir, una mujer turca que me tomó cariño. Pasaba las vacaciones en la misma pensión que nosotras y, a diferencia de la mayoría de los autóctonos, hablaba inglés. Cada mañana, me enseñaba algo de su idioma para ayudarme a estrechar lazos con los lugareños y con mis amigos del verano, Ekrem e Ismael. Sus grandes ojos negros se tomaban en serio a la adolescente que yo era entonces. Neijmir me regaló un pequeño cuaderno de ejercicios, que las dos íbamos llenando día tras día. Mientras aprendía con ella, no dejaba de presentir que aquellos momentos serían los últimos a su lado. El tiempo, de momento, no me ha hecho creer lo contrario.

Las escapadas, incluso las más breves, nos descubren lugares y personas marcados por el sello de lo irrepetible. ¿Me atreveré a volver al pueblo turco de aquel verano de 2004 para saludar a aquellos amigos también de vacaciones y a sus familias, o tal vez, quién sabe, para reencontrar a Neijmir? «Volveré a Montreal, en un gran Boeing azul marino. Necesito ver de nuevo el invierno y sus auroras boreales. Necesito esa luz que baja directa desde el Labrador y que hace nevar rosas azules sobre el invierno, rosas de oro», canta Robert Charlebois en una canción inundada por la nostalgia. La mera irrupción de una luz que nos conmueve, de un aroma embriagador, de una lengua que hemos pronunciado cada día o de un recuerdo de alegría eterna, puede decidir a nuestro cuerpo a desafiar la fatalidad de un viaje sensual que no tendrá continuación.

Regresar

La pregunta sobre la última vez siempre aparece cuando descubrimos un lugar, y más aún cuando ese lugar se halla alejado del nuestro. ¿No es precisamente la distancia un buen motivo para pensar que quizá aquello que vivimos lo vivamos una sola vez y que no habrá una segunda? Mi amiga L., con quien hablo sobre este tema, dedicó un año entero a dar la vuelta al mundo con su pareja. Me cuenta que se planteó esta cuestión durante su estancia en Hawái: «Es un destino en la otra punta del mundo. Un sitio magnífico, y a la vez poco habitual para los franceses, porque al estar tan lejos pocos son los que lo visitan. Y sin embargo, no se convirtió en mi lugar favorito. Cuando llevábamos ya un tiempo allí, empezamos a hablar sobre la posibilidad de regresar. Como me pasa en cada viaje, me pregunté si volveríamos a visitar aquel lugar algún día. Y por primera vez, pensé que no. Esa idea, curiosamente, le dio a Hawái un valor especial, mayor incluso que el de otros lugares a los que es más probable que volvamos».

Toda escapada, al sacarnos de la rutina, nos reconecta con lo nuevo y con lo irrepetible. La primera vez en un viaje no suele dar pie a una serie: el viaje es excepcional precisamente porque se presenta como una experiencia de descubrimiento y exploración, con el carácter único que reviste toda aventura inédita. Pero negarse a que un viaje tenga su última vez también implica una doble lucha. Por un lado, nos obliga a superar el ritmo habitual del tiempo sedentario para decidirnos a movernos, hacer las maletas, romper con lo conocido. Por otro, volver a un lugar ya conocido implica resistirse al impulso —a veces artificial— de buscar siempre lo nuevo, como si solo aquello que no hemos visto valiera la pena. Si lo inédito es la esencia del tiempo, volver por segunda o tercera vez no equivale nunca a repetir: es avanzar una vez más en el tiempo, pues lo que dura nunca es exactamente igual. Volver supone haber roto con la ilusión de que el espacio se puede recorrer al revés, como si nada hubiera cambiado. Requiere o bien la fuerza del azar, o bien la del deseo, y tal vez algo más: la voluntad de resistir esa tendencia a quedarse en casa o esa creencia de que lo nuevo solo radica en lo desconocido. Creo que, al entrar en contacto con un lugar, nuestro cuerpo siempre sabe si esa escapada será una primera vez... o la última.

¿Inmortalidad o nostalgia?

En rigor, no hay certeza alguna de que al cabo de nuestro viaje regresemos al hogar: puede que los imprevistos del camino o el deseo de establecernos en un lugar distinto nos impidan volver. La palabra «nostalgia», derivada del griego *nostos*, alude tanto al mal del país como al del regreso. El viaje deviene a la vez una huida y un retorno. Esta ambivalencia se halla en el centro de *La Odisea* de Homero, el relato del accidentado regreso al hogar de Ulises, rey de Ítaca y héroe de la guerra de Troya, tras terminar el conflicto. El enfurecido Poseidón condena a Ulises a errar durante diez años, en un largo periplo, lejos de su reino y de su esposa Penélope y su hijo Telémaco, en el que pierde su barco y a sus compañeros.

Sometido a los innumerables obstáculos que retrasan su camino, Ulises no sabe si podrá volver a ver algún día su tierra. Esta gran figura del viaje nos recuerda también que partir es arriesgarse a dejarse a uno mismo atrás —¿acaso a poner fin a su propio pasado?—. Cuando llega a la corte de Alcínoo, rey de los feacios, en la que será la última etapa de sus andanzas, Ulises ya no es nadie. Ha olvidado buena parte de su historia, de sus raíces y de sus deseos. Es gracias al aedo Demódoco —quien, ignorando que se halla entre la audiencia, canta el relato de Ulises ante toda la corte— que el viajero vuelve a apropiarse de esa identidad olvidada; no ha cortado del todo los hilos de su memoria, y no anhela otra cosa que el reencuentro.

Ulises pasó siete años retenido en una isla por la ninfa Calipso, quien le ofreció un regalo capaz de tentar a cualquiera: la inmortalidad. Pero Ulises lo rechazó. La ninfa no logra entender por qué aquel mortal no se conforma con el horizonte de su isla. Poner fin a la finitud, olvidar el tiempo, vivir una continuidad sin cortes ni sobresaltos, liberarse del antes y del después... ¿acaso no es este el remedio perfecto contra la nostalgia? Pero la inmortalidad tiene para el viajero algo de definitivo que no encaja con lo más hondo de su alma.

Carcomido por el deseo de volver —al menos una vez más— a ver a los suyos, Ulises no se deja seducir. ¿Serán el amor humano, el regreso al hogar y el paso del tiempo más valiosos que el hecho de vencer a la muerte? Si Ulises hubiera aceptado la propuesta de Calipso, ya no habría para él ni primeros ni últimos instantes, ni encuentros ni reencuentros. Hubiera perdido la alegría de haber amado, combatido, gobernado, viajado. Las razones que daban sentido a su vida hubieran dejado de importar. Le faltaría aquel vacío que nace de la dicha de haber vivido y de la esperanza de todo cuanto queda aún por hacer. Hubiera perdido la riqueza que nos da el tiempo.

Ulises quiere regresar a la vida de los humanos, tejida con la sucesión de instantes enlazados por la memoria y la anticipación. La nostalgia es mejor que el olvido. Como escribe la filósofa Céline Flécheux en su obra *Revenir*, el rechazo de Ulises a aceptar ese regalo es también aceptar «la condición humana, su finitud y el sucederse de las generaciones».[76] El deseo de volver a Ítaca es el reflejo del viaje existencial: vivir es asumir el duelo de lo que dejamos atrás, es elegir y a la vez lidiar con lo imprevisto, es atreverse a anhelar de nuevo aquello que alguna vez se deseó. Ese regreso —del que los viajeros apenas hablan, quizá porque se asemeja demasiado a un final— no es igual que la ida. Pero no por eso deja de estar atravesado por lo inesperado y lo irreversible. Para Ulises, el viaje de regreso es otra forma de madurar, pues no ha olvidado del todo quién es ni a dónde pertenece.

El viajero se enfrenta a la gran paradoja de la aventura: cuanto menos desea dejar su tierra, más obligado se ve a hacerlo. Cuanto más desea regresar, más lejos de casa se encuentra. *La Odisea* revela una ley más profunda de la existencia: cuanto más nos aferramos al pasado, a la familia o a la tierra, más nos vemos arrastrados, transformados, enfrentados a pruebas y desafíos que, sin borrar la memoria ni romper los vínculos que hemos forjado, nos obligan a mirarlos de otro modo, con distancia. El viaje es un desplazamiento que fortalece los lazos. Nuestro vínculo con los lugares, ritmos y afectos que nos pertenecen se fortalecen cuando hemos tenido la oportunidad de divagar, de dudar incluso. Ulises, en el fondo, a pesar de todas sus peripecias, es la encarnación de la continuidad.

Huir

Hay viajes forzados que vuelven incierta —y en ocasiones trágica— la última vez. Quienes se exilian dejan atrás personas, tierras y una época que ya no existe. ¿Podrán volver algún día? Hallar los lugares tal y como eran al marcharse es imposible. Cuando Ulises regresa a Ítaca, ya no reconoce su tierra. Y esto es más cierto aún para quienes, arriesgando la vida, emprenden el camino huyendo de una guerra. El migrante no sabe si volverá a pisar su tierra al término de su exilio. «¿Será esta la última vez que veré mi país?»: esa pregunta es otra forma de describir la experiencia del exilio forzoso o de la guerra. La violencia del desarraigo convierte el regreso en una experiencia doble: por un lado, el duelo por un hogar que tal vez no volveremos a ver, o que nunca será el mismo; por otro, la tentativa de un renacer. La vida en el exilio no deja lugar a los referentes temporales, ni a quienes han partido ni a quienes aguardan su regreso.

En unos encuentros literarios, tuve la suerte de conversar con el dibujante Charles Berberian y descubrir su novela gráfica *Una educación oriental*, fruto de sus inquietudes existenciales y de sus múltiples tránsitos como exiliado. ¿Volveré algún día? Esa pregunta marcó radicalmente su infancia y adolescencia, en las que estuvo siempre separado de los suyos: a veces de su hermano, otras de sus padres o abuelos, todos ellos acostumbrados a la experiencia del exilio. Nacido en Bagdad, Berberian da inicio a su relato con el duro recuerdo del final de una etapa feliz. En 1975, siendo un niño, se vio confinado en un Beirut azotado por la guerra civil.

Aquel encierro fue aún más doloroso por la incertidumbre: «No sabíamos cuánto iba a durar».[77] La ausencia de horizonte se hacía casi tan insoportable como la violencia misma. Así describe aquellos días junto a su familia, en los que el refugio en el sótano se alternaba con un breve regreso a una calma relativa: «Cuando el alto el fuego duraba más de un día, pensábamos que la vida iba a retomar su curso normal».[78]

Finalmente, Berberian tuvo que abandonar el Líbano. Un día, su padre lo llevó con él a París en un viaje de trabajo, ignorando que aquel iba a ser un trayecto sin regreso: «Jamás imaginé que nuestra partida iba a ser definitiva». La familia pensaba en su estancia en Francia como una pausa antes de su vuelta, pero acabaron instalándose allí. En su relato, la nostalgia del artista por su país se mezcla con la sabiduría nacida del propio caos y con la conciencia de que es posible convivir con lo peor: la destrucción, la separación, la incertidumbre. La duda de si aquella iba a ser la última vez en su patria atraviesa todo su exilio y lo persigue, a veces, a lo largo de toda su vida. La ausencia permanece en el centro de esa partida: «Volver a ver los rostros que querríamos reencontrar, los lugares que desearíamos pisar de nuevo, acortar la distancia que nos separa de aquello que echamos en falta»,[79] escribe, casi al final, en su relato autobiográfico. Volver a ver el propio país, en especial aquel en el que ha transcurrido la infancia, es un deseo dolorosamente vivo. Superar una última vez impuesta por un adiós no deseado puede convertirse en una necesidad casi obsesiva.

Pasados casi treinta años, Charles Berberian ha regresado al Líbano en varias ocasiones. Aun consciente de que su búsqueda del pasado es en vano, no puede evitar trazar una y otra vez en sus dibujos sus idas y venidas al país de su infancia, intentando reconstruir la historia y los últimos instantes antes del exilio. Pero el Líbano sigue siendo un lugar tan frágil e inestable que en él, pasado y futuro pierden importancia. Allí, el tiempo no se mide: lo único que cuenta en Beirut es el presente, el día a día. Y, sin embargo, quien en su infancia ha vivido las interrupciones arbitrarias del tiempo, necesita recomponer los hilos de una trayectoria sobre la que jamás tuvo el control. Sobrevivir implica avanzar, y existir requiere también esas salidas del tiempo para poder tejer la propia historia.

El cautiverio

Cuanto más forzado y violento es un viaje, más se concentra en él una esperanza: la de que ese desplazamiento impuesto no sea el último. Volver a casa se convierte en un objetivo, si es que el ser humano, deshumanizado por el desastre, conserva aún fuerzas para alimentar su vitalidad y formular algún propósito. No puedo evitar pensar en la deportación, repleta tanto de una aterradora incertidumbre —¿volveré a ver a los míos?— como del anhelo de recuperar el curso de la existencia cotidiana. Esa pregunta revela un destino arrancado brutalmente de sus raíces.

La duda lleva consigo una doble evidencia: la de no saber qué vendrá y la brusca certeza de que una etapa de la vida ha llegado a su fin. Es un malestar que nace de la última vez impuesta por una partida arbitraria. En su documental *Crónica de un verano* (1961), Edgar Morin inmortaliza esta angustia en el testimonio de Marceline Loridan-Ivens, quien en 1944 fue deportada al campo de exterminio de Auschwitz-Birkenau. Por su parte, en su libro *Y tú no regresaste*, Marceline Loridan-Ivens recordaba las últimas palabras de su padre, quien moriría allí: «Tú eres joven, tú volverás. Pero yo seguramente no». Fueron muchos quienes no sabían si regresarían. Otros intuyeron, con razón, que aquel cautiverio inhumano iba a ser su último viaje. Una vida íntegra, enraizada en el seno de la sociedad, llegaba a su fin.

¿Cómo regresar de aquello? Como explicaba el filósofo Walter Benjamin a propósito de los jóvenes soldados que volvieron del frente, esos hombres eran «más pobres en experiencias que pudieran contarse».[80] Los supervivientes, sea de la guerra o de los campos de exterminio, pierden la esperanza de poder expresar lo que no es imaginable ni creíble. Lo indecible se acrecienta con la incomprensión de los demás. ¿Y cómo es posible volver a una vida despreocupada, indiferente incluso ante lo pavoroso del mal? ¿Cómo aceptar el recuerdo del último instante antes del horror? En el fondo, la posibilidad del «regreso» no existe ya para ellos. Su última vez con una vida aún humana ha quedado sellada. Esos supervivientes del horror se ven obligados a comenzar una existencia nueva.

La deshumanización transforma también la relación con el tiempo. Obliga a preguntarse qué hacer para no hundirse en la nostalgia de una época feliz que ya no existe, para no volcar toda la energía en un futuro incierto. Sobrevivir consistió, para muchos, en llevar su último aliento lo más lejos posible. Esa lucha siguió más allá de los campos. Algunos la libraron hasta el suicidio, otros hasta que la muerte los alcanzó por fin. Pero lo que define la deshumanización es la aniquilación del vínculo con el tiempo, con el porvenir, y la certeza de haber vivido ya la última hora de una vida feliz. Al hablar de su experiencia en el campo, Loridan-Ivens escribe: «Ya solo vivíamos el presente, los próximos minutos. Nada lograba alimentar la esperanza».[81] En ese exilio inhumano, la memoria deviene una carga demasiado grande para sobrevivir. El tiempo propio deja de existir y queda sometido a la voluntad de otros.

Sin embargo, los testimonios no son nunca iguales. Frente a esa vivencia, hay quienes hallan en la memoria y en el porvenir que imaginan armas con las que resistir. Viktor Emil Frankl, psiquiatra deportado en 1942 a Theresienstadt y en octubre de 1944 a Auschwitz, nos brinda otro modo de vivir el tiempo. Luchando contra ese presente absoluto del horror, en un intento por evitar la locura, Frankl procuró imponerse metas, acompañar a sus compañeros de cautiverio y proyectarse a sí mismo en un futuro feliz. Alimentar la idea de un mañana a través de la imaginación, la esperanza o la disciplina fue su manera de sostenerse y resistir.

Un adiós al tiempo ordinario

Quienes logran regresar saben que han aplazado su última vez, que han superado milagrosamente una fatalidad, pero por mucho tiempo permanecen atrapados en el umbral de ese momento final en que su vida les fue arrebatada. Marceline Loridan-Ivens expresa su rabia hacia quienes la exhortaban a olvidar sus recuerdos del campo y a vivir de nuevo con espontaneidad, a proyectarse hacia el futuro, cuando aún moraba en ella la última mirada que cruzó con su padre: «La gente quería que todo pareciera un comienzo».[82] Mientras el trauma obliga a revisitar una y otra vez, en plena noche, los últimos instantes de esperanza, de amor o de alegría, el proceso de reintegrarse en sociedad nos impone lanzarnos siempre hacia adelante.

¿Volver una y otra vez sobre lo mismo? ¿Y por qué no? El mandato de representar el tiempo de forma lineal, utilitaria incluso, se impone una y otra vez. Los demás esperan que encadenemos los momentos como piezas mecánicas, ordenadas, siempre con buena cara. Se nos exige vivir a contracorriente de nuestro propio ritmo —y de su propia duración, que nunca fluye de forma recta—. La duración interna no es simple ni continua, no se organiza como un collar de cuentas. En nuestro yo más profundo se acumulan vivencias que se pliegan, se entrelazan, se tiñen mutuamente, de modo tal que un recuerdo lejano puede resonar de pronto en una experiencia reciente. Los momentos de la vida, por dispersos que sean, se atraen entre sí por su intensidad, su tonalidad, su alegría o su dolor. Vibran dentro del edificio interior de la sensibilidad. El yo es «policrónico», como dice el filósofo Pascal Chabot.[83] Recuperar la humanidad consiste en dejar que esa duración se despliegue a su modo, con sus ecos, sus resonancias, su desorden o su orden intrínseco, que no es el de la sucesión regular. Dejar que el tiempo interior viva es una forma de resistencia íntima.

Aunque uno vuelva al hogar y a lo cotidiano, quien ha sido arrancado de su vida anterior ya no puede volver siendo el mismo. «Quien regresa ha visto cosas que han modificado por completo su visión del mundo; ha comprendido que existe otra dimensión, que pone en entredicho todo cuanto había conocido hasta entonces», escribe Céline Flécheux. El prisionero, el exiliado, el superviviente de una prueba —sea esta la que sea— vive para siempre con esa mirada ampliada... y con la ceguera de los demás.

Morir al propio pasado

No se vuelve del dolor: se lo arrastra, a veces olvidado, a veces asumido, rara vez entre risas, y en ocasiones rindiéndose a él. Volver de un exilio forzado supone siempre perder aquello que uno creía poder conservar. El mito de Orfeo lo expresa en otras circunstancias: cuando el poeta, inconsolable, desciende al Hades en busca de su amada Eurídice, no puede evitar volverse para mirarla justo cuando a punto está de rescatarla.

Ese gesto provoca una última vez desgarradora: la pérdida definitiva de la joven.

Cesare Pavese interpreta el mito en sus *Diálogos con Leucó*: «Al bajar no buscaba yo su amor, sino otra cosa. Buscaba un pasado que Eurídice no conoció. [...] A quien lloraba no era ya a ella, sino a mí mismo».[84] Orfeo no puede recuperar el pasado que murió con Eurídice. La mujer a la que intenta traer de vuelta ya es otra: ha atravesado la muerte. La irreversibilidad se vuelve aún más decisiva cuando se trata de sortear un acontecimiento doloroso, traumático o incluso deshumanizante. Lo que busca Orfeo es una etapa de su vida, algo que solo sobrevive en él y que revive en sus cantos. Volverse atrás es constatar lo imposible. Es firmar la sentencia del engaño: no hay restauración posible. El herido se convierte en otro. Aquí el trauma adopta una nueva definición: la de no poder conservar lo que uno desea llevar consigo; no poder volver al lugar del desgarro; no poder recuperar la memoria de la última vez de una vida ordinaria; no poder regresar a ese instante en que la violencia nos era aún ignorada.

Estos viajes sellan el adiós a lo que nos es familiar, suponen la última vez en el seno de una existencia o de una etapa de la vida. El superviviente de un genocidio, por mucho que luche por aplazar su muerte, por postergar esa última vez, ha cruzado ya ese umbral mortal.

Mirará por encima del hombro hacia ese «antes» más muerto que todo lo anterior, y deberá afrontar el colosal reto de inventarse un futuro despojado de todo pasado.

Últimas veces e incertidumbre: de la guerra a la desaparición

Para quienes se quedan y esperan el regreso de los prisioneros de guerra o los deportados, la pregunta por la última vez adquiere un tinte de insensatez, como la que describía Marguerite Duras cuando tuvo que aguardar el regreso de su marido, Robert Antelme. Detenido en junio de 1944, Antelme fue encarcelado en Fresnes antes de ser deportado, el 2 de octubre de aquel mismo año, al campo de Buchenwald, donde se lo asignó a la unidad o *Kommando* Gandersheim. En su libro *El dolor*, Duras relata el abandono de toda esperanza y la crueldad que supuso esa espera sin fin, que la llevó a sumirse en la locura: «Podría morir de un momento a otro, aunque no haya sucedido aún. Segundo tras segundo, también la vida nos abandona a nosotros, llevándose con ella toda esperanza, para regresar al instante, haciendo renacer la esperanza de nuevo».[85] La incertidumbre de la última vez crea ese vaivén interior, entre la esperanza y su reverso. La autora llega incluso a desear la muerte, para no seguir sufriendo la espera. No saber si la última vez que vio a su esposo será realmente la última se convierte en la más insoportable de las incertidumbres. Una y otra vez la asaltan falsas certezas, intuiciones súbitas de su muerte, como si, ante la necesidad de romper la asfixiante espera, su cuerpo necesitara consolarse con la certeza del último aliento.

Quienes han vivido una guerra lo saben: la última vez de ese horror se espera, se exige, con desesperación. «Hoy sí: hoy caerá Berlín. Todos los días nos lo anuncian, pero hoy será de verdad el final. Los periódicos señalan cómo lo sabremos: por las sirenas, que sonarán una última vez. La última vez de la guerra».[86] Hay últimas veces —las de la guerra, la violencia, el sufrimiento— que deben llegar, y hay quienes las aguardan en ese tenue limbo que separa la lucidez de la locura. Quien espera, lo sabe: puede morir en ese intervalo, morir de esa clase de dolor que consiste, precisamente, en lo incierto de su final. Es uno de los rasgos del sufrimiento: no importa tanto su intensidad o su persistencia, sino ignorar cuándo acabará. El dolor no tiene fin. No estar seguro de haber visto al otro por última vez puede ser la semilla del delirio. Así lo explicaba Marceline Loridan-Ivens, cuyos hermanos murieron aún jóvenes, alternando entre la esperanza de reencontrar a su padre deportado y la ausencia total de pruebas que confirmaran su muerte o las circunstancias en las que esta pudo tener lugar: «Tengo, sobre todo, fragmentos de ti que solo me pertenecen a mí. Tus últimos pasos, tus últimas palabras, aunque las haya olvidado. Tus últimos gestos, tus últimos besos».[87] Para quien vio desaparecer al otro, el conjunto de esos últimos gestos se convierte en un privilegio, del que no gozan quienes nunca lo volvieron a ver.

Los psicólogos describen la pérdida ante la desaparición de otro como una forma de estrés postraumático, con la salvedad de que sus síntomas no remiten: se prolongan toda la vida, que se convierte así en una espera interminable. No saber si un ser querido ha muerto es una forma de ignorancia más profunda y dolorosa que la propia idea de su muerte. En tiempos de guerra, esa imposibilidad de saber si fue la última vez puede ser un arma para sembrar el terror, pero en tiempos de paz se convierte en un episodio más de la crónica de sucesos, que algunos deben aprender a afrontar y aceptar en soledad.[88] La incertidumbre de haber visto por última vez al otro, la incapacidad de elaborar la idea de un final, se cuentan entre los sufrimientos más extremos. La desaparición torna difícil, si no imposible, el ritual del duelo. No existe un adiós que podamos dirigir a un rostro que cierra los ojos. Quienes se quedan deben ingeniárselas para domesticar el dolor e inscribirlo en la continuidad de su vida.

El tiempo no admite regreso posible, porque el tiempo no es un recipiente: es la propia realidad en su fluir único e irreversible. Tanto la experiencia de la felicidad como la del sufrimiento pueden alimentar la nostalgia: ese deseo de volver al momento en que la intensidad del presente apartaba pasado y futuro a un lado y nos permitía instalarnos en una vida que nos parecía deseable. Pero no siempre el presente es en sí mismo envidiable. El dolor puede encerrarnos en un presente infinito e incesantemente violento, y vivir en el exilio de un presente siempre despreocupado puede tornar el mundo en algo inhóspito. Contemplar la vida desde el presente transforma la «última vez» en una noción idealizada, que termina por empañar el sentido redentor de la duración, tan bien descrito por Bergson, como un fenómeno continuo, cambiante, sorprendente. Comparar momentos de vida de naturalezas diferentes es tarea imposible: no hay épocas más felices que otras, solo épocas distintas; lo que cambia es la despreocupación con la que las vivimos.

9

Esperar la curación

Aquí se depositan las armas asesinas de las últimas heridas. El olvido llegará, como la arena, a cubrir nuestros frágiles huesos, sepultados bajo las últimas plegarias.

G. RÉAL, *Desde mi ventana del hospital*

RECUERDO AQUELLA ESTANCIA interminable en mi cuarto, de niña, cuando tuve la varicela. Mi cara, repleta de granos y costras y de aquel ungüento secante, poco tenía de humano. Aquellos largos días encerrada me inquietaban, y como cualquier enfermo, no podía evitar hacerme preguntas: ¿volvería a ver a mis amigas y a divertirme con ellas como antes? ¿Cuándo acabaría esa enfermedad? ¿Volvería a tener mi rostro?

Ya se trate de un esguince o de un cáncer incurable, la condición de enfermo o herido nos confronta con la posibilidad de recuperar o no nuestro estado anterior. Es algo inherente a todo aquel que sufre, quien inevitablemente se pregunta si recuperará su agilidad, su fuerza y vitalidad. El deseo de curarse, las preguntas sobre si aquella tanda de tratamientos será la última, si con esa sesión podremos dar por terminada la rehabilitación, si esa cita con el psicoterapeuta será «la definitiva»: todos son aspectos que definen la experiencia del paciente. El término «paciente» deriva del latín *patiens:* aquel que sufre, que soporta, que espera. Ser paciente es tener la esperanza de que el tratamiento funcione, es buscar, a veces en plena noche, un final: el alta médica, la despedida del terapeuta. Es esa esperanza lo que nos da fuerzas y nos impulsa a seguir.

La época en que vivimos no hace sino reforzar ese optimismo, marcado por la tenaz voluntad de aplazar la última vez, de resistir tanto al determinismo de la naturaleza como a lo irreversible de la enfermedad. Sobre todo cuando se trata de enfermedades crónicas, el paciente se pregunta: ¿ha llegado mi hora? La enfermedad reaviva nuestra relación cuantitativa con el tiempo. ¿Cuántas semanas, cuántos meses o años nos permitirá ganar este tratamiento? ¿Se acabará en algún momento? La última noche en el hospital, la última pastilla: son experiencias que pueden convertir la última vez en uno de los anhelos más intensos de nuestra existencia.

Aplazar la última vez

Si bien postrados y doloridos poco podemos hacer para vencer al tiempo que pasa, sí intentamos al menos derrotar a los virus, las fracturas, los cánceres y a las enfermedades de todo tipo que nos toca soportar. Ese ha sido el objetivo que la medicina lleva persiguiendo desde siempre, y también en el que tanto los accidentados como los enfermos suelen volcar su voluntad, su valentía y su fe en la curación. Sin embargo, ya se trate de una fractura, de una cicatriz o de cualquier proceso de convalecencia, todos ellos nos recuerdan una verdad esencial: es preciso esperar, dejar que el tiempo pase. La enfermedad nos enfrenta con algo que nuestras sociedades aceleradas tienden a hacernos olvidar: que existe otra cualidad del tiempo —tan real como la irreversibilidad o la finitud, pero a menudo ignorada—, y es el hecho de que este no puede comprimirse. Y aunque la ciencia trate de saltárselo en su afán de anticipar trayectorias astrofísicas, movimientos celestes o procesos biológicos, nuestros cuerpos, al igual que el resto de los fenómenos, siguen sometidos al fluir del tiempo y a las sorpresas que este conlleva: ritmos cambiantes, inesperados avances o inoportunos obstáculos. El camino hacia la curación es, pues, una travesía por una duración eminentemente irreductible.

Mientras aguarda su mejoría, el enfermo percibe cada alteración, vigila su pulso, observa su herida, se aplica cuidados y acepta los de los demás, se entrega al conocimiento de médicos y enfermeras que parecen saber mucho y a la vez demasiado poco... aunque también él sabe algo sobre su dolor: es su cuerpo al fin y al cabo el que sufre la herida o el malestar. A pesar del dolor, de diagnósticos categóricos, de pronósticos ambiguos y en ocasiones opacos, quien desea sanar se lanza a una vida nueva e incierta, con la esperanza de prolongarla. Es en esa confianza en su restablecimiento, por mínima que sea, en esa aceptación de su condición provisional donde el enfermo demuestra ser más valiente y sabio, y a la vez más insensato. Atravesar la enfermedad exige, pues, ir más allá de la simple espera.

Hay célebres historias de curación, como la de Lance Armstrong, símbolo de la lucha contra el cáncer y al que en su día se tildó de «milagro de la medicina». Su enfermedad le fue diagnosticada tarde, cuando el cáncer había hecho ya metástasis en los pulmones y el cerebro. A los veintiséis años, se vio obligado a interrumpir una brillante carrera como ciclista e iniciar un tratamiento de quimioterapia intensiva, cuyo pronóstico de supervivencia era del 50 por ciento. Vinieron después las operaciones y la posterior recuperación. Con una esperanza inquebrantable, Armstrong aceptó pasar por aquel proceso. Tuvo suerte. Y convertido en símbolo de superación, recorrió el mundo predicando esperanza. Pero incluso una curación biológica confirmada no garantiza el regreso a una vida normal. La experiencia lo había trastocado: perdió la sensatez, y su vida quedaría para siempre marcada por la conciencia de la posibilidad del final. Armstrong afirmaba que el cáncer lo había transformado, no solo por dejarlo con un cuerpo más delgado, sino porque le enseñó «a tener paciencia y a valorar de verdad la vida».[89] Resistir al paso del tiempo nos confiere una perspectiva distinta sobre la existencia, tan valiosa como el hecho mismo de haber rozado la muerte.

Atravesar el tiempo: eso que solemos olvidar cuando nos sabemos sanos o despreocupados. Los relatos sobre la enfermedad se encargan de recordárnoslo, a veces de forma brutal. Se trata de un viaje, en todo caso, que exige resiliencia y esperanza. Ahora bien, hay una pregunta a la que tanto el paciente como los médicos deben hacer frente: ¿es realmente ese optimismo una ayuda para vivir mejor la incertidumbre? ¿Nos sirve para relacionarnos con el futuro, o más aún, para lidiar con un presente que nos pone a prueba? En *Un mar de muerte: Recuerdos de un hijo*, David Rieff relata el final de su madre, la escritora y filósofa Susan Sontag, a la que le había sido diagnosticado un cáncer incurable.

Sontag luchó por vivir como si la muerte no fuera a llegarle, una muestra de optimismo casi absoluto que su hijo, si bien procuró no desalentarla, no pudo evitar cuestionarse, como refleja en su libro. ¿Hizo bien? ¿Debemos recordar a alguien que desea seguir viviendo que su enfermedad puede no tener cura? A Susan Sontag, que depositaba grandes esperanzas en su tratamiento, la historia de Lance Armstrong le fascinaba.

Como él, confiaba plenamente en sus médicos, pero no tuvo la misma suerte. En una especie de «negación positiva» de la muerte, aceptó los tratamientos más agresivos, algunos de ellos en fase aún experimental. Contaba los días que la separaban del alta —«el futuro lo era todo», recuerda su hijo—, y prefería esa esperanzada obstinación por vivir antes que aceptar la verdad o resignarse. Hasta prácticamente el último momento siguió enfrascada en sus proyectos, trazando planes, escribiendo. Se trataba de no detenerse ni un momento. Esa espera del tratamiento definitivo, esa fe en la victoria del cuerpo y del espíritu pueden conferirnos la energía para afrontar cualquier duda sobre continuar o no recibiendo tratamiento médico. Como escribió Jankélévitch: «Como bien sabemos, la fecha de nuestra muerte permanece indeterminada, y es en esa indeterminación, que deja la puerta abierta a toda esperanza, donde reside el fundamento de la ética médica».[90] Aplazar el último instante es, en efecto, el principio mismo de la ciencia y la medicina modernas.

Los médicos se dividen entre quienes ofrecen alguna posibilidad de remisión —por pequeña que sea—, quienes prefieren no pronunciarse y quienes comunican, a menudo sirviéndose de cifras, la ausencia de toda cura posible. A primera vista, parece que la esperanza es un factor indispensable para seguir adelante con el tratamiento y mantener la actitud combativa por parte del paciente. Por el contrario, varios estudios apuntan a que la incertidumbre respecto a la curación podría disminuir nuestra capacidad de adaptación ante un problema de salud y debilitar así nuestra inmunidad psicológica frente a la adversidad.[91] La resignación puede llevar a rechazar cualquier tratamiento, mientras que en la mayoría de los casos, la esperanza de curarse —incluso aunque no haya garantías para ello— no implica negar la realidad.

Sin embargo, ciertas actitudes pueden también deteriorar nuestra calidad de vida: comparar nuestro estado actual con el que teníamos antes de la enfermedad, obsesionarnos con el final del tratamiento, vivir atrapados en la idea de los últimos momentos. Si el desánimo socava la capacidad de recuperación y empeora el estado del paciente, un exceso de esperanza o una confianza desmedida en la curación tampoco ayudan: si uno se cura, la sensación de triunfo se atenúa, y si no lo hace, la sensación de pérdida se acrecienta. El equilibrio radica en sostenerse en un punto medio entre la esperanza y la lucidez. Un tenue hilo por el que el paciente debe cruzar cual funambulista, sin por ello aferrarse a la idea de victoria o de fracaso, al miedo a la última vez o al sueño de aplazarla. La lucidez consiste en habitar un presente más amplio: fijarse objetivos —poner orden en su lucha, pensar en las próximas etapas del tratamiento o incluso, en caso de recibir un diagnóstico terminal, organizar sus últimos días—. Esperar algo de la vida, por mínimo o modesto que sea, preserva el sentido que se le da, nos permite sostener la lucha... y, a veces, nos permite hallar algo de alegría en ella.

Equilibrios frágiles

En un lugar indeterminado entre la triunfante curación y los duros y agotadores tratamientos, nos encontramos con aquellos casos en los que la enfermedad no remite y en los que el enfermo tiene que aprender a vivir con ella, asumir que permanecerá alojada en su cuerpo y por tanto llegar a algún tipo de pacto con ella. En estos relatos se impone una especie de *statu quo*, en el que el menoscabo de las propias facultades acaba viéndose como un mal menor ante la alternativa del colapso o la inevitable recaída. En estos casos no existe una última terapia, ni es tampoco posible liberarse de forma definitiva de la profesión médica y sus tratamientos. Si bien un día soleado o una alegre velada con nuestros seres queridos nos permite atisbar cierto asomo de esperanza, lo cierto es que en estos casos la vida suele caracterizarse por una dependencia constante de la medicación.

En *Hors de moi*, la filósofa Claire Marin relata el descubrimiento de su enfermedad autoinmune. El libro empieza con una frase rotunda: «No habrá final feliz».[92] Como muestra a lo largo de su relato, el diagnóstico de esa «enfermedad de compañía» altera por completo su relación con el tiempo, imponiéndole una auténtica filosofía del presente y, sobre todo, obligándola a acelerar su ritmo vital. Con una intensidad pocas veces igualada, la autora comparte con nosotros de qué modo la experiencia de la enfermedad y su tratamiento la empujan a una exaltada afirmación de la urgencia de vivir cada momento, como si cada instante nos acercara, en mayor medida de lo que sería habitual, al fin.

En una situación así, se hace imposible reconocer la última vez: ¿cómo es posible anticipar —o desear— el último día en el hospital? Y, sin embargo, así lo espera la paciente. En todo caso, el alta médica tampoco indica una última vez definitiva: puede que sea necesario volver. Quien sufre de una deficiencia inmunitaria puede verse acompañado por esta toda su vida, en un camino que termina por no distinguirse del propio recorrido vital. El oficio de vivir se convierte entonces en aprender a convivir con la íntima y constante certeza de que podemos morir. Si solemos imaginar la muerte como algo que nos viene de fuera —un accidente, un azar del destino mientras dormimos, un atropello—, la enfermedad nos recuerda que la muerte puede también crecer dentro de uno mismo, tomarnos como rehenes desde nuestro interior. Ese descubrimiento nos deja con la sensación de ser nosotros mismos la fuente del mal, o mejor su huésped. Y es algo que puede llegar a hacernos enloquecer. En sí misma, la enfermedad saca al sujeto de sí, dejándolo en un estado de rabia y enfrentándolo a la sensación de haber sido desposeído de sí mismo.

Tras el tratamiento, llega el momento de salir del hospital, ese momento en el que hay que «reconstruir el cuerpo, debilitado por ese nuevo ataque».[93] Es natural que aparezca entonces el desánimo: ¿cómo afrontar el enorme esfuerzo de volver a empezar sin sentir que tal vez será en vano? ¿Cómo saber que no habrá que pasar por ese proceso una y otra vez? Claire Marin lo expresa así: «Haré ese esfuerzo cuando esté segura de que será la última vez, cuando esté segura de estar curada».[94] Pero, como Sísifo, condenado a hacer subir eternamente la roca hasta lo alto de la montaña, es preciso recomenzar, haciéndonos nuestra la convicción de que esta vez sí será la última... y asumiendo el riesgo de que no lo sea. Incluso cuando parece que ha remitido, la enfermedad sigue recordándonos esa extraña idea que debemos aprender a domeñar.

Elegir el final de la vida

La dificultad de la enfermedad radica tanto en la incertidumbre como en el delicado equilibrio entre riesgos y beneficios que uno —a veces contra el criterio médico— debe establecer por sí mismo para decidir si merece la pena seguir sufriendo con tal de conservar la vida. Como escribió la autora Marilyn Yalom, diagnosticada con mieloma múltiple cuando contaba más de ochenta años: «¿Realmente vale la pena?». Como otros, Yalom decidió renunciar a posponer la última vez y avanzar su final.

Esta incertidumbre sobre la posibilidad de curación —y su confrontación con el dolor que a menudo implica— nos obliga a plantear la cuestión del suicidio, asistido o no. Cuando ya no hay espacio para la esperanza,

cuando a un sufrimiento insoportable se le suma el ago-
tamiento o una edad avanzada, la última vez se aguarda
como un alivio, una liberación, o incluso como un modo
de vengarse. Elegir la fecha y la forma de morir, recha-
zando así la degradación física o cognitiva y el dolor, es
una forma de preservar la dignidad. Convertir el instante final en un acto de autonomía puede evitarnos la
crueldad que en ocasiones acarrea la muerte natural.
La alianza entre ciencia y técnica, tal como la imaginó
René Descartes hace casi cuatro siglos en su *Discurso
del método*, supuso el primer paso para hacer realidad
esta voluntad de alargar la vida y aplazar el final.

La posmodernidad plantea dos caminos que, aunque a primera vista puedan parecer opuestos, compar-
ten un mismo objetivo: vencer la pasividad ante el sufrimiento y poner fin a nuestra impotencia ante la
muerte. El primero corresponde a aquellos que creen
que la máxima expresión de la libertad estriba en decidir el momento de la propia muerte, no solo alargan-
do la vida, sino poniendo fin al dolor en el momento
oportuno. El segundo, sirviéndose de las investigaciones científicas acerca del envejecimiento celular, reto-
ma el viejo sueño de la inmortalidad. Científicos y mi-
llonarios de Silicon Valley coinciden en albergar un
mismo deseo: alejar indefinidamente el instante final,
abolir la muerte.

Volviendo al primer camino, el de la muerte elegida, este parte en realidad de una idea tan antigua como la filosofía griega. Los estoicos veían en el suicidio una opción legítima de poner fin a la vida. El sabio, decían, obraba bien al quitarse la vida «por su patria, por sus amigos, o si se ve sometido a un dolor insoportable, una enfermedad incurable o una situación que degrade su dignidad».[95] El suicidio deviene una opción plenamente racional para todo aquel que sabe reconocer que la vida ha dejado de ofrecerle bienes como la salud, el placer, la libertad o la plenitud, que hasta aquel momento la justificaban. Bajo esa perspectiva, la vida no alberga ya valor moral por sí misma, sino por los fines que permite alcanzar y la calidad del ser que permite desarrollar.

El sociólogo Émile Durkheim explicaba el suicidio como fruto de una anomia, es decir de una falta de normas, de un aislamiento respecto a la sociedad. El suicidio asistido, en cambio, busca acompañar una muerte que ya está en marcha, fruto de una enfermedad irreversible. Si en el primer caso recuperar el vínculo con los otros se erige como la vía para evitar el suicidio, en el segundo ese mismo vínculo con la comunidad se hace necesario para poder llevarlo a cabo. El deseo de una muerte asistida puede también aparecer aunque no haya una enfermedad concreta: basta con que la perspectiva de la dependencia sea insoportable. Así lo explica Noëlle Châtelet en *La última lección,* donde nos cuenta cómo su madre, con noventa y dos años, eligió poner fin a su vida de forma consciente y acordada con sus hijos, porque no quería vivir dependiendo de los demás: «Tú, mujer libre, para quien la autonomía fue siempre un precepto de vida, me hiciste comprender cuán intolerables te resultaban la servidumbre de la vejez, las cadenas alienantes de una existencia que, si llegaba a entorpecer la vida de los otros, ya no te pertenecía».[96]

La decisión de morir puede también ser una forma de combatir la imposibilidad de morir junto a otro. Tal fue el caso de Georgette y Bernard Cazes, matrimonio de octogenarios que se quitaron la vida el 22 de noviembre de 2013 en una habitación del hotel Lutetia, en una declaración a la vez de amor y de convicciones políticas. Ella había casi perdido la vista; él, las facultades mentales. La merma en su autonomía les resultaba insoportable, tanto como la idea de presenciar la muerte del otro.[97] El amor debe enfrentarse a dos desafíos: ¿envejeceremos juntos? y —más insalvable aún— ¿moriremos juntos? Amar es también aceptar que uno sobrevivirá al otro, aunque sea solo por un instante. «Puesto que somos dos, sabemos con absoluta certeza que uno de los dos sobrevivirá, aunque solo sea un momento», escribió el filósofo Jacques Derrida.[98] Asumir esa certeza está en el fondo de todo vínculo.

Los relatos de estos suicidios suelen revelar que sus protagonistas hubieran preferido contar con alguien que los ayudara a terminar con su existencia. Como explica Jérôme Cazes, hijo de «los amantes del Lutetia»:[99] «Pocos son conscientes de hasta qué punto resulta difícil para dos personas ancianas poner fin a su vida, por muy valientes que sean».[100] Negar tal posibilidad a quienes la desean de forma consciente puede convertirse en un auténtico castigo psíquico y moral, y resulta más violenta aún cuando tal decisión no se acompaña de un esfuerzo real por cambiar las condiciones de vida de quienes temen una existencia recluida, aislada y reducida a las funciones más básicas. La muerte se convierte en la salida anhelada para algunas personas que no ven ya en su horizonte vital la posibilidad de una vida digna.

Si bien el padecimiento extremo o una enfermedad incurable pueden hacer el suicidio asistido más aceptable a ojos de algunos, son muchas las personas que siguen viendo en ello una profanación de lo sagrado de la existencia. Pero nadie debería poder obligar a otro a considerar sagrada una vida mutilada o degradada por el dolor, la dependencia o la impotencia. Además, la ayuda al suicidio no afecta solo a quien la solicita: también concierne a sus seres queridos. Puede por tanto entenderse desde una perspectiva tanto afectiva como ética. Quitarse la vida en privado, sin avisar o dar tiempo a los seres queridos para prepararse, suele dejar en quienes sobreviven secuelas muy dolorosas: desde un sinfín de preguntas sin respuesta, hasta el sentimiento de culpa o frustración por no haber podido acompañar al ser querido. Muchos ancianos o enfermos toman la decisión de forma solitaria, por miedo a que su entorno no lo entienda o intente impedirlo. Sin embargo, por personales y solitarias que sean, nuestra vejez y nuestra muerte afectan también a quienes nos aman, y, más allá, al conjunto de la sociedad y a las políticas responsables de afrontar estas situaciones.[101]

Como recordaba Jankélévitch, «quien va a morir, muere solo, enfrenta solo esa muerte personal que cada uno debe morir por su cuenta»,[102] pero ese sufrimiento no es tan íntimo como parece. Aunque la muerte se viva en primera persona del singular, también resuena en la primera persona del plural entre quienes nos rodean. Esta tragedia del *yo* es también la del *nosotros*. El dolor es «privado» solo porque hemos decidido callarlo y esconderlo. Y si la ética consiste en encontrar un equilibrio entre actos y emociones, deseos y normas, entre uno mismo y los demás, entonces la muerte elegida es una cuestión que va más allá del individuo y que debe ser abordada, discutida y deliberada tanto en la esfera íntima como en la pública.

El suicidio asistido permite también convertir el final de la vida en una oportunidad para el enfermo de recuperar la iniciativa, evitando la pasividad o la caída repentina, como ocurre en el suicidio privado. Noëlle Châtelet nos explica cómo el gesto de su madre necesitó nutrirse del diálogo, el consentimiento y la compañía de sus seres queridos, a fin de ritualizar la despedida y encontrar el coraje suficiente. Retirarse del mundo tras una enfermedad incurable o una vejez extrema es un proceso largo. Así lo describe Nicolas Menet en *Hacer el duelo de uno mismo*, donde narra cómo a los cuarenta y dos años tuvo que afrontar el diagnóstico de un tumor cerebral para el que no había cura: duelo del cuerpo, de la esperanza, del futuro. El enfermo renuncia a una imagen de sí mismo, y más aún, a la larga y narcisista construcción de su propia vida. Se ve obligado a hacer el duelo de un modo de vivir y de una versión de sí mismo, para dar paso así a una nueva identidad, más capaz de hacer frente a la enfermedad. Poner en orden recuerdos, vínculos, objetos y palabras es un proceso largo, pero capaz de transformar el final de la vida en una obra comparable a la de la vida misma.

Pese a los imperativos médicos y las insalvables directrices terapéuticas, toda persona debería conservar la libertad de elegir sus últimas veces cuando el final es ya inevitable. Así lo hizo Nicolas Menet, quien rechazó continuar con su tratamiento para poder pasar un último verano con los suyos y gozar de una libertad que no había podido sentir desde que se declaró la enfermedad. Puede que esa libertad desafíe nuestras ideas sobre el valor de la vida, pero es precisamente ahí donde se pone a prueba el respeto hacia el individuo, como escribe Châtelet sobre su madre: «Había una frontera entre la dignidad y la indignidad que solo tú conocías, en lo más hondo de tu alma; solo tú sabías, en tu conciencia, cuál era el límite exacto que no debía traspasarse».[103]

Cada cual debería poder decidir si continuar con un tratamiento, si interrumpirlo y rechazar la vía médica que se le propone. Ante la imagen aterradora que a veces tenemos sobre el final de la vida asociado a la incurabilidad o a la dependencia absoluta, debemos recordarnos que ese final no siempre es abrupto, brutal o solitario. A menudo suele ser un proceso lento. ¿Qué hacer con ese tiempo que se nos concede? ¿Hasta dónde podemos llegar en ese equilibrio incierto, en ese dolor creciente? Incluso cuando nos hallamos en pleno final de la cuenta atrás, eso no debería ser motivo para anular nuestra responsabilidad personal.

No se trata aquí de promover el suicidio asistido, ni de juzgar el suicidio privado, sino de afirmar que el horizonte de la muerte no debe ser motivo para cancelar la libertad. Como recuerda Noëlle Châtelet, los tres meses que precedieron al suicidio de su madre estuvieron llenos de conversaciones, discusiones y tristeza, pero también de risas: «Hasta el momento mismo de despedirnos, logramos hacer de esas horas compartidas algo infinitamente luminoso».[104] El final no debe privarnos de vivir unas últimas veces intensas, alegres y significativas. La dureza de la situación, el peso de los tabúes sociales, no tienen por qué impedirnos entregarnos a ese diálogo abierto con el que dar forma al término de nuestro camino.

Dejar al psicólogo

En cierto modo, reflexionar sobre la última sesión constituye una de las grandes cuestiones de todo tratamiento de psicoterapia. ¿Cómo hay que ponerle fin? Durante mis investigaciones tuve la oportunidad de descubrir que esta pregunta cruza por la mente de todas aquellas personas que decidieron empezar terapia, ya fuera con el deseo de comprenderse mejor, de sanar sus heridas o de liberarse de ciertas conductas dañinas y disfrutar así de una existencia más serena.

¿No es acaso, muchas veces, el propio terapeuta quien, en un gesto con el que se asegura conservar su poder de decisión, sugiere poner fin al proceso? La psicoanalista Françoise Feder reflexionó sobre este momento particular en el que acompaña a sus pacientes hasta el umbral de una puerta que quizá no volverán a cruzar: «"Que te vaya todo bien...", "Espero noticias tuyas...", "Ya sabes que aquí me tienes"... Esas son las frases que me vienen a la mente cuando pienso en lo que he podido decir a veces en esos momentos tan extraños en los que acompañas a un paciente por última vez».[105] Para ella, en efecto, el final del proceso terapéutico se encarna en esta última sesión, que puede adquirir distintos significados en función de la historia del paciente, el tiempo que haya durado la terapia o la relación que entre ambos se haya creado.

Las cosas suelen desarrollarse de forma similar a como sucede con nuestras relaciones: algunos anulan su cita y no vuelven a llamar nunca más, otros se esfuerzan en ofrecer una explicación antes de despedirse. El modo de terminar da pistas al terapeuta sobre el avance del trabajo realizado: algunos pacientes se marchan demasiado pronto, en un ejemplo de resistencia al propio proceso terapéutico; otros intentan negociar su partida. Aunque no sea una práctica común, deliberar sobre la última entrevista resulta parte esencial del proceso: para el paciente es un modo de reflexionar sobre su autonomía, de responsabilizarse a la hora de evaluar la terapia y los progresos obtenidos; para el terapeuta, por su parte, supone una oportunidad para aceptar su pérdida de poder y el final de su labor como cuidador.

Por lo general, en la última entrevista se asume la capacidad de separarse y diferenciarse, de existir por uno mismo, en suma. En algunos pacientes, sin embargo, tal capacidad se manifiesta de forma negativa: el desapego se convierte en una ruptura brusca o en una huida, y la diferenciación únicamente se expresa en forma de una oposición frontal, que a veces puede incluso semejar una caricatura. Otros, incapaces de aceptar el cambio en su ser y de poner fin a la terapia, la prolongan indefinidamente. Irvin Yalom recuerda a una de sus pacientes de psicoterapia, que al terminar la última de sus sesiones le dijo: «Me gustaría que me abrazara, que su despedida me acompañe por mucho tiempo, que sea un adiós que resista a la impermanencia».[106] ¿Acaso es posible renunciar a una relación humana rica y espiritual, que nos brinda ayuda y sostén? ¿Somos capaces de conservar en nuestro interior, más allá de la consulta, los beneficios de una cura que transcurre fuera del mundo y del tiempo?

A veces, son los propios terapeutas quienes deben afrontar tal dilema. «No siempre es el paciente quien tiene dificultades para poner fin a la terapia —escribe el psicoanalista Jacques André—. En ciertos casos, es el terapeuta quien, en una versión casi burlesca de la angustia por la separación, acaba convirtiendo al paciente en psicoanalista al transmutarlo en su principal supervisor».[107] Aunque su conclusión no siempre sea la deseada, todo «final» revela algo sobre el paciente, sobre la relación transferencial con su analista y, en definitiva, sobre la estructura de su psique. En todo caso, algo parece cierto: una despedida consensuada entre los dos supone un buen final. Significa que el paciente no ha reducido al analista a un objeto de pasión o de rechazo y odio mediante el cual sigue procesando, una y otra vez, los aspectos primordiales de una etapa de su vida —en especial la infancia— marcada por las carencias, los errores y los traumas no resueltos.

Los tiempos de la terapia

Habiendo pasado yo misma por terapia en varias ocasiones, hoy la veo como un proceso que atraviesa distintas fases. La primera se centra en interpretar los problemas que el paciente presenta: ¿por qué esta tristeza persistente desde hace tantos años? ¿Puede que este padecimiento crónico e ininterrumpido del cuerpo sea el signo de otro sufrimiento oculto? ¿Por qué soy incapaz de valorarme? A menudo, es el hecho de repetir algo lo que nos lleva a consulta: ¿por qué vuelvo a cometer el mismo error, por qué me empecino en mantener esta relación sin salida, por qué este constante conflicto con mi familia, por qué he vuelto a pasar por un divorcio? ¿Cómo evitar que la vida se convierta en un día sin fin, una repetición que parece revelar que hemos sido despojados de nosotros mismos?

Luego llega el análisis de los problemas ocultos propiamente dicho, el cual implica una investigación retrospectiva: ¿acaso el insomnio encubre algún violento episodio que hemos vivido y cuyo recuerdo nos impide abandonarnos al sueño durante la noche? ¿Puede que nuestras relaciones frustradas hallen su origen en una antigua historia que aún nos obsesiona y no somos capaces de resolver? ¿Y si esta búsqueda de reconocimiento o de perfección pudiera aliviarse cuestionando la mirada severa, exigente y a veces brutal de un progenitor? Esta fase del análisis pasa por tomar conciencia de que nuestras dificultades son heredadas, si no compartidas con otros, y van más allá de lo estrictamente personal: descubrimos que el nuestro no es un caso único para el que no hay explicación. Este ejercicio nos permite comprender qué nos inquieta y de qué modo determina nuestros deseos, nuestras palabras y nuestro sufrimiento.

Una última etapa se perfila: después de haber abordado con sinceridad un problema, o incluso un periodo de nuestra vida, logramos vislumbrar el camino a través del cual superar las tensiones. En esta fase no basta ya con analizar o formular hipótesis, o con establecer vínculos recónditos o asociaciones de ideas o palabras para reencontrar el sentido perdido. La comprensión intelectual no es suficiente para resolver el conflicto, ni para superar nuestra falta de confianza para afrontarlo. El proceso de reflexión solo resulta útil si apunta a la vitalidad, no a la verdad. Superamos el drama por nuestro deseo de vivir. Algunas personas necesitan aprender a reencontrar su espontaneidad, para así afirmarse sin violencia y expresarse sin vacilación. Ese deseo puede surgir del hastío ante la propia desesperanza y permitirnos vivir a pesar del pasado, al margen de la mirada ajena, incluso la del terapeuta. En ese caso, el cansancio se acompaña de un despertar, que en poco se parece a la satisfacción de tener razón o de sentirse invencible, sino más bien a la alegría de amar la propia vida. Ya no se trata aquí del «pienso, luego existo» cartesiano, sino de un «deseo vivir, luego existo» que nos acerca más bien a Spinoza.

La última sesión

Un ejemplo de lo que acabamos de ver es el relato radiofónico de Emmanuelle, una paciente de psicoterapia, sobre su última sesión. En varias ocasiones, Emmanuelle quiso dar por terminada la terapia, convencida de haber alcanzado ya sus objetivos: «Intenté dejarlo muchas veces».[108] Pero su psicoanalista siempre posponía la separación. Emmanuelle llegó a pensar que su terapia iba a durar toda la vida, perspectiva que tampoco se le antojaba como algo malo: al fin y al cabo, el análisis nos brinda momentos privilegiados a salvo del mundo exterior, en los que uno puede abrirse. Sin embargo, llega el día en que por fin lo deja. Sucede tras una sesión, a finales del mes de julio, en la que recuerda dos intensos sueños relacionados con su feminidad. Su relato da inicio a un debate sobre cómo interpretar esos sueños, debate en el que, en abierta discrepancia con su terapeuta, Emmanuelle afirma su propia definición de lo femenino.

Al terminar la sesión, Emmanuelle se despidió con un «Nos vemos en septiembre», a lo que la analista respondió: «Quizá no sea necesario».

> Sentí una especie de alegría inmensa —recuerda Emmanuelle—. No era placer, era alegría. Como si me hubieran dado la mejor noticia del mundo. No me lo podía creer, y le solté una frase que aún hoy no comprendo del todo: «Es ahora cuando se dice que nos queremos». En ese momento quería decirle realmente que la quería. Me sentía llena de amor, hacia ella y en realidad hacia nadie, pues tampoco la había conocido realmente. Me

sorprende esa audacia. Era capaz de sostenerme por mí misma. Desde entonces, nunca más volví a tener contacto con ella.

Es la recuperación del poder por parte del paciente frente a la constante puesta en duda sobre sus capacidades, frente a la impotencia para defenderse de la agresión, frente al sentimiento de incomprensión. Un indicio de vitalidad que surge de la osadía de afirmarse sin reprimir las emociones ni dejarse encorsetar por ellas. Posicionarse sin dominar. Amar la propia existencia a pesar del dolor y la decepción que conlleva, sin dramatizar episodios de incapacidad pasajeros ni conflictos al fin y al cabo inevitables. Ese sentimiento de amor por la vida provoca una independencia creciente, que es lo que toda terapia auténtica anhela. El espíritu se vuelve más directo: busca el placer y rehúye el dolor. Y también más serio: nos ofrece un centro desde el cual acceder a lo esencial y vivir con auténtica ligereza.

Una última sesión no implica necesariamente que el análisis haya concluido. El final no es siempre un logro. En su artículo «Análisis terminable e interminable», Freud reflexiona sobre esta cuestión. Anima al analista a renovar periódicamente su propio análisis y señala el carácter potencialmente infinito de aplicar ese trabajo reflexivo a uno mismo:

Todo analista debería, aproximadamente cada cinco años, someterse de nuevo a análisis sin avergonzarse de ello. Esto implica que el análisis personal, lejos de ser una tarea acabada, se convierta en una tarea infinita, no limitada al análisis terapéutico del paciente. [...] No pretendo afirmar que el análisis sea, en sentido estricto, un trabajo sin conclusión. Sea cual sea la postura teórica que se adopte sobre esta cuestión, el final de un análisis es, a mi entender, un asunto de práctica. [...] No se tratará de pulir todas las singularidades humanas en favor de una normalidad esquemática, ni de exigir que quien ha sido «analizado a fondo» no sienta ya ninguna pasión ni pueda desarrollar conflicto interno alguno.

No se trata, por tanto, de evitar los meandros de la vida humana, ni de borrar la originalidad de cada cual, sino de devolver al sujeto una situación de comodidad psíquica. Jacques Lacan, heredero de Freud, consideraba que la última sesión tiene lugar «cuando quien analiza piensa que es feliz de vivir». Y, sin embargo, hay pacientes que vuelven, que retoman la terapia, para explorar otro tema o concluir lo que quizá no había terminado. En el fondo, ¿una autoexploración psicoanalítica puede realmente tener fin? Como reflexionaba Georges Perec en su artículo «Les lieux d'une ruse» a propósito de su propia experiencia en consulta: «No hubo ni principio ni fin; mucho antes de la primera sesión, el análisis había empezado ya, aunque solo fuera por la prolongada decisión de iniciarlo y por la elección del analista; mucho después de la última sesión, la terapia continúa, aunque solo sea en esta duplicación solitaria que imita su obstinación y su estancamiento».[109]

Pero entonces, ¿acaso esa última sesión no es una decisión arbitraria? El fin del análisis correspondería al inicio de una vitalidad auténtica, capaz de disolver falsos problemas, como los «refugios de racionalización» o las «borracheras verbales»,[110] como lo bautiza también Perec. Para llegar a ese punto, es necesario haber superado toda postura defensiva, toda interpretación impersonal prefabricada, todo discurso embellecedor. Alcanzarlo implica atreverse a sentir aquello que ya sabemos, pero a lo que no sabemos acceder directamente por miedo a convertirnos en autores de una historia que ya no podrán contar los otros ni contarse como las demás. El fin de la cura se manifiesta con el nacimiento de una voz que habla de sí y para sí, siguiendo su propio estilo, fiel a su propio cuerpo y a su lenguaje. Requiere el coraje de despojarse, de hablarse sin fingir que se habla. Así lo relata Perec al recordar el final de su terapia: «Ese día, el analista escuchó lo que yo tenía que decirle, aquello que durante cuatro años había escuchado sin oír, por la simple razón de que yo no lo decía, de que no me lo decía a mí mismo».[111]

Anticiparse a sus compulsiones de repetición, resolver sin dramatismo los conflictos que la realidad impone, salir de los surcos trazados por la tristeza, buscar el placer: son estas habilidades prácticas que el neurótico en remisión desarrolla. El 10 de enero de 1959, durante una conversación con los miembros de la revista *Arguments*, Perec da otra imagen del final del análisis sirviéndose de una anécdota. Mientras sobrevuela un campo de aviación, el escritor se prepara para saltar en paracaídas (no es la primera vez que lo hace). Su miedo a saltar le hace tomar conciencia de que ningún razonamiento puede resolver un problema práctico así: solo su confianza en sí mismo y su optimismo pueden ayudarle a actuar. Lo que lo impulsa a lanzarse es «esa voluntad de acabar con todo ese marasmo, toda esa pesadez, toda esa dificultad de ser cuando se carga con un paracaídas de quince kilos en la espalda».[112]

¿Podemos ver en el salto en paracaídas un equivalente del psicoanálisis? El paracaidismo confirió a Perec confianza y optimismo, algo que la cura por la palabra no siempre es capaz de brindarnos. Cuando ya no es posible intelectualizar porque es preciso pasar a la acción, solo queda la necesidad de soltar lastre y confiar en que nuestros actos tendrán éxito. ¿Cuándo se sabe que se ha vivido la última sesión? Cuando la vitalidad vence a la tristeza. Cuando el cansancio de querer comprender cede su lugar a una sensibilidad oculta que nos permite acceder a nuestra historia. Nuestra confianza nos autoriza a experimentar aquello que nos debilita o nos fortalece, para actuar mejor, elegir mejor, desear mejor. Tras esa muda, mi voz emerge, se encuentra, se habla a sí misma y a los demás.

La enfermedad plantea una cuestión existencial que a menudo orillamos: ¿qué estamos dispuestos a soportar para vivir? ¿Hay que comenzar de una vez por todas el tratamiento y aplazar el instante último y definitivo? Ese es el riesgo que corre el paciente, que se somete a un proceso de tutela psíquica, cuando no de dependencia química. Aquí hemos tratado de valorar el sentido de esa prueba para volver a lanzar los dados de la existencia. Afrontar una discapacidad, una enfermedad, una neurosis, y la asistencia farmacológica que estas conllevan, no siempre implica saber si esa prueba tendrá un final —aunque uno así lo espere—. Una terapia, incluso cuando no tiene fin, a pesar del sufrimiento que pueda provocar y de lo incierto de que vayamos en realidad a curarnos, tiene siempre un valor por sí sola: (re)encontrar nuestras razones para vivir. Mantener el optimismo, por mínimo que este sea, resulta esencial, pues aquel en el que danzamos es un escenario oscuro.

10

La última dosis

Para mí, beber es una cuestión de cantidad.

G. DELEUZE, *L'Abécédaire*

«UNO MÁS Y ME VOY». La adicción no solo está ligada a las drogas: uno puede ser dependiente tanto de una sustancia química como de otra persona. Existe una forma de comunicación secreta entre las adicciones. El uso de la expresión «dependencia afectiva» en resonancia con el concepto «dependencia física» demuestra las similitudes entre ambas realidades. ¿Hacia qué aspecto hay que remontarse, más allá de la botella o del cigarrillo, del tranquilizante o del rostro de otro, para entender lo que ese desasosiego y ese apego obsesivo significan?

Quizá la drogadicción no sea tanto una pasión por una sustancia como por lo que esa sustancia reemplaza. La droga nos dice algo sobre el vínculo con el mundo o con los otros. Anestesia la mente, estimula el corazón, nos confiere la ilusión de calma o de poder. Convence al sujeto de que tiene al alcance de la mano lo que nunca en la vida podrá apropiarse. Refleja lo que tememos asumir: la torpeza de estar en el mundo, el cansancio de no saber orientarnos en él, la tristeza de no poder fundirnos siempre con los seres queridos o de no tenerlos cerca, la desesperación ante la certeza de la muerte.

El modo de remediarlo pasa a menudo por la búsqueda del último intento: ya sea de forma provisional —«uno más y me voy»— o definitiva —«esta vez es la última»—, la dependencia y la independencia son también una cuestión de cantidad. Última copa, última dosis, último encuentro. Sin embargo, ¿acaso no deriva la adicción de la pasión por el número tanto como del pavor ante el inicio de la cuenta atrás? ¿Buscar el final no es, en cierto modo, una manera de aplazarlo?

Coquetear con la finitud

La droga despierta una voluntad de aturdirse sin llegar a morir del todo. Estrellarse sin perecer. Como escribe Marguerite Duras en *La vida material*: «Beber no significa obligatoriamente querer morir. Pero no se puede beber sin pensar que uno se está matando».[113] Hay en la dependencia del toxicómano una ambigua relación con la vida: una vitalidad a medias, incierta ante el deseo de morir. Así lo expresa Baptiste al hablar de su alcoholismo en *Mi última vez*, pódcast dedicado a la adicción: «Soy consciente de que pongo en riesgo mi vida, pero aun así sigo haciéndolo».[114] Se trata, pues, de soportar el dolor al tiempo que se niega a la anestesia elegida su carácter letal. Esa ambivalencia del deseo de persistir resulta inquietante, ya que expresa, por duplicado, la que todos llevamos en nuestro interior en distintos momentos de la vida: todos dudamos en seguir; todos deseamos y no deseamos avanzar hacia ese futuro prometedor y cada vez más breve. El alcohólico lo percibe mejor que nadie.

En este asunto, se trata realmente de «morir de algún modo cada día, o bien seguir viviendo», añade Duras. Beber parece ser capaz de disolver o diluir las coordenadas del problema sin eliminarlo nunca. Indeciso ante la muerte, el adicto se arriesga un poco. Muere de morir. La paradoja se halla en esa incapacidad para aceptar la idea del final y, sin embargo, rozarla a diario. ¿Un intento de domesticación o un coqueto flirteo con la nada? Lo que se pone en escena, en efecto, es un modo de tantear el propio umbral. Pero, también aquí, el último trago no es necesariamente —ni mucho menos— el final de todo.

El penúltimo trago

Al igual que Gilles Deleuze, también yo creo que el alcoholismo es una cuestión de cantidad. En *L'Abécédaire*, proyecto audiovisual concebido por iniciativa de Claire Parnet, una antigua alumna, el filósofo participa en un juego de preguntas y respuestas en forma de abecedario. Al llegar a la letra B, Claire le propone hablar de la bebida. Él responde a la vez como pensador y como alcohólico:

> Cuando uno bebe, lo que desea es beber el último vaso. [...] En otras palabras, un alcohólico es alguien que no deja de dejar de beber. Siempre está en ese último vaso. [...] Pongamos que se trata de un alcohólico mañanero: toda su intención se dirige hacia el último vaso. Calcula cuánto puede resistir sin derrumbarse. [...] Los restantes vasos no son sino un modo de esperar a que llegue el último.[115]

Ese último vaso corresponde al umbral de su control, y por tanto, al punto de inflexión hacia la impotencia. El adicto busca el límite tras el cual ya nada quedará de él.

Se trata, en efecto, de encontrar ese momento en que, alcanzada la embriaguez y la anestesia que la bebida nos ofrece, el sujeto sigue ahí sin estar del todo. Pero conviene no pasarse, ya que si algo desea el alcohólico es tener la oportunidad de repetir el mismo circuito. Así, una vez encontrado y aceptado, ese último vaso le permitirá empezar de nuevo al día siguiente y al otro. Gracias a él, se erige en amo de su propia deriva. La suya es, no obstante, una soberanía sutil y muy frágil, pues si va más allá de ese último vaso, corre el riesgo de saturar su poder, «de modo que no es el último el que busca, sino el penúltimo». Ese penúltimo vaso que el adicto busca para soportar lo insoportable, para contar con fuerza suficiente para resistir aquello que lo está ya quebrando.

Paradójicamente, el propio hecho de enumerar parece reforzar la dependencia. Pronto percibí el espejismo que supone llevar la cuenta. Fue cuando descubrí el tabaco: intentaba contar los cigarrillos («no más de cinco al día») y siempre acababa fumando más. Fue cuando logré mostrarme indiferente al número cuando logré reforzar mi independencia. Podía fumar un cigarrillo sin volver a pensar en ello, sin inscribirlo en ninguna serie marcada por la obsesión del control. La dependencia nace, en cierto modo, de esta cuestión de la última dosis: ser dependiente es buscar esa última vez que, lejos de liberarnos, nos atrapa aún más.

Asumir un enfoque cualitativo más que cuantitativo puede servir de alivio. Pero la calidad solo se aprecia cuando uno ha asumido antes cierta sensibilidad. En un artículo de *Le Monde*, Antoine, un hombre que sufría de alcoholismo, cuenta su dependencia. Intentó desintoxicarse varias veces, por su cuenta o con ayuda médica, pero todas sus «últimas veces» resultaron fallidas: sus intentos se sucedían sin efecto real ni duradero. Sin embargo, un día, Antoine saboreó su última cerveza sin haberlo previsto:

> Como siempre, me siento en el bar. Pido una cerveza y me la bebo. Aún no lo sé, pero será la última. Al día siguiente, vuelvo al bar. Pido un café. No tengo ganas de alcohol. No lo echo en falta en absoluto, ni física ni psicológicamente. Llevo años luchando sin tregua, y de pronto, me sucede esto. Ya no necesito luchar. Me siento en paz. Los días siguientes, igual. [...] Cada 25 de agosto recuerdo aquel día de 1990. De algún modo celebro ese extraño aniversario: el de mi último vaso.[116]

¿Será su nuevo amor por Brigitte, a quien conoció en la clínica, lo que le sostiene? Él lo niega. Sin embargo, Antoine describe un cambio: la sensación de estar por fin en algún lugar, de poder brindarle un sitio a su alegría. La proyección de una felicidad futura parece ahora posible junto a su compañera. ¿La aceptación de una dependencia ha desplazado a otra? Es imposible saberlo, pero sí parece fundamental subrayar que, ante la dependencia, abandonar la autoridad del número nos resulta de gran ayuda a la hora de liberarnos.

Dominar lo indomable

Todo ocurre como si, a pesar del abandono que conlleva la embriaguez, el deseo de consumir una sustancia naciera de la tensión que generan en nosotros todo aquello que escapa a nuestro control: el modo en que nos ve la sociedad, las relaciones íntimas, el porvenir, lo injusto del mal, nuestra inevitable finitud... El descubrimiento de la droga se parece entonces a la ilusoria sensación de omnipotencia frente a cuanto excede al sujeto. «El alcohol reafirma al hombre en su locura, lo transporta a regiones soberanas en las que deviene dueño de su destino», escribe Duras.[117]

La dependencia nace de una vulnerabilidad extrema y del propio deseo de negarla. Esa voluntad de dominio lleva al toxicómano a jugar con sus propias fuerzas y con las de los demás. Sube hasta esa cima, hasta ese umbral de lo posible más allá del cual tal vez no sea posible regresar. La alcanza y regresa, aturdido pero vivo, envenenado pero a salvo, señor de lo indomable.

Si Duras puede aún escribir del alcohólico que «no sustituye más que la falta de Dios», yo añadiría que toma el lugar del demiurgo para conquistar aquello que, en la vida, siempre escapa a su control: el otro, el tiempo, la muerte. Beber es una negación: el sujeto se halla bajo el dominio de su necesidad de dominar. Y sin embargo, nada podrá llevarlo al corazón de su poder como abandonar la fantasía de que efectivamente lo detenta. Es precisa una insólita confianza en uno mismo para liberarse de esa determinación ilusoria de dirigir la propia vida y la de los demás, y que implica creerse capaz de sortear los riesgos, el fracaso, el azar, la incertidumbre.

Tener fe en la vida nos impulsa a relativizar nuestro propio poder para reconocer algo más grande que nosotros mismos. Confiar en nuestra vitalidad supone reconectarnos con la fuente de nuestra presencia en el mundo y dejar que esta nos guíe: sin renunciar a nuestros deseos, aceptar que estos puedan ser alterados, modificados o completamente reorientados por otras personas, o por los meros azares de la existencia. Aceptar la negociación para buscar el equilibrio y no la perfección. Saber dar la bienvenida a lo que pasa no significa resignarse a la impotencia, sino ejercer la libertad de crear caminos mediante los cuales superar o evitar los obstáculos, o incluso cambiar nuestra percepción de cuanto nos sucede. Atreverse a sufrir la propia vulnerabilidad y dejarse ayudar son dos vías que pueden contribuir a salir de la alienación. Como contaba el propio Baptiste en el pódcast: «Uno de los mayores clics fue aceptar la ayuda que me ofrecían, acallar mi orgullo enfermizo».

El proceso de desintoxicación, el reverso de la drogadicción, se nutre de una obsesión semejante: contrarrestar la droga a toda costa, evitarla, olvidarla, no tocarla. Pero en ocasiones, quien se abstiene persigue en secreto la misma búsqueda de control que antes buscaba en la droga, lo que en sí entraña un elevado riesgo de recaer. Si bien la sobriedad aporta una lucidez beneficiosa para tomar mejores decisiones, la abstinencia no es tampoco un camino de santidad, un atajo hacia la perfección o un pasadizo secreto hacia una buena vida —entendida como una aquella en la que, por fin, uno detenta el control sobre su destino—. Más allá del acompañamiento que un médico o un grupo de apoyo puedan brindarnos, salir de la adicción pasa también por una aceptación filosófica o espiritual de aquello que no depende de uno.

El adicto quiere poseer la intensidad, comprar su consuelo, regalarse el olvido, prescindir de los demás. Pero es aceptar que «algo me sobrepasa» aquello que permite poner fin a tan ineficaz obstinación contra uno mismo. Atreverse a estar vivo es perderse en el tiempo, en el cuerpo, en la sensibilidad, en el porvenir. No es porque la vida y sus placeres sean limitados que controlar su número vaya a procurarnos el consuelo necesario ante esta dificultad existencial. Liberarse de la angustia de la cantidad nos aleja de la avidez. Pero ese movimiento de repliegue supone a la vez alimentar otros deseos, ser sensible de nuevo a las propias emociones y a los propios demonios. Es su calidad, su condición de deseable o no, la que nos indica el camino.

¿Una última vez para poner fin al dominio?

El adicto busca la penúltima vez, y el abstinente, la última. Pero decretar una última copa, o un último encuentro en una relación de dependencia, no ponen fin a la obsesión, que abre entonces la puerta a otras preguntas: ¿terminará algún día esa relación con el objeto? ¿Y será un final definitivo? En las relaciones tóxicas se reproduce esa misma dependencia hacia aquello que nos embriaga por un instante y nos envenena a largo plazo. Ese es el tema del bellísimo filme *El hilo invisible* (2017), de Paul Thomas Anderson, que retrata a la pareja formada por el modisto inglés Reynolds Woodcock y su amante Alma, en el Londres de los años cincuenta.

Su relación se presenta al principio como la dominación que un hombre mayor, célebre y volcado en su arte, ejerce sobre una joven modesta y entregada. Ese desequilibrio inicial se verá contrarrestado por la extraña resistencia de Alma, que impondrá, en sentido literal y figurado, una toxicidad recíproca.

Tanto en el amor como en una drogadicción, la alternancia entre dolor y placer puede provocar una reacción paradójica: buscar ese breve bienestar y aceptar a cambio los sufrimientos restantes. Existe un paralelismo entre droga y pasión amorosa, y a veces ambas se experimentan al mismo tiempo. Las dos describen un ciclo similar: la esperanza de un último sufrimiento y de reconquistar la felicidad mantienen durante mucho tiempo al sujeto en vilo. También aquí el sujeto se sabe vulnerable, sobrestima su debilidad, se infravalora y supone que otro está en mejores condiciones de ofrecerle ese poder que él no encuentra. El riesgo de agotar a la pareja y desestabilizar la relación —reducida a una especie de fármaco— es muy alto.

Sin embargo, la dependencia del otro no es necesariamente un peligro en sí. A menudo es un punto de partida, si no una condición, del vínculo amoroso. El verdadero riesgo aparece cuando una persona dependiente se une a alguien que busca ejercer el control. Cuando una de las partes no desea una relación afectiva, sino de sumisión, de explotación incluso, y se niega a asumir la responsabilidad de sus actos de negligencia, violencia o crueldad. Es esta relación asimétrica la que explica Françoise Gilot en *Vivre avec Picasso,* el relato de su pasión amorosa con el pintor:

> Todo aquello agradable debía pagarse con amargura. No había forma de permanecer realmente cerca de Pablo por mucho tiempo; si llegaba a suavizarse hasta el punto de ser tierno conmigo, al día siguiente era más mordaz y cruel aún que de costumbre. Eso es lo que él llamaba «la vida cara».[118]

El peligro radica en entregarse a alguien que no quiere responder a una necesidad que él mismo ha suscitado con su seducción, su palabra y sus actos. La necesidad de afecto no se confunde con el dominio —mecanismo psicológico específico—, que se basa, entre otras cosas, en la alternancia entre gratificación y violencia, en el desequilibrio de responsabilidades, en la creación de necesidades frustradas.

La película *The Souvenir,* de Joanna Hogg, ofrece otro retrato de dominio amoroso, en este caso entre Anthony, un dandi heroinómano, y Julie, una joven estudiante de cine que se destruirá a sí misma tratando de salvar a alguien que, sin embargo, la ha tomado ya como rehén. La adicción de uno es un reflejo revelador del dominio amoroso ejercido sobre la otra. La droga es, en el fondo, lo que permite a Anthony resistirse al compromiso que Julie desea. La joven acaba sumida en el desánimo, llena de resentimiento, frustración e impotencia. Julie intenta en vano poner fin a esa historia que la está destruyendo. Como un adicto que busca su última dosis, la víctima del dominio espera a que llegue el último encuentro, sin ser capaz de cortar el vínculo.

Decretar la última vez no nos permite recuperar la libertad. La voluntad se agota en reiniciar ese recuento que es precisamente el que propicia la deriva. Con frecuencia, la última vez no es sino una construcción mental sobre el tiempo, un punto de referencia en el que ubicarse, desde donde iniciar algo o a partir de lo que dejar atrás el pasado. Sin embargo, en el inmenso territorio de la adicción, la última vez se alcanza en raras ocasiones, y cuando se obtiene, no siempre pone fin al dominio. Ese desafío personal, tan esperado por el dependiente, no interrumpe la obsesión, aunque parezca poner fin al consumo.[119]

Esta decisión del adicto puede ser ineficaz si proviene únicamente de la voluntad sometida a la razón: «Esta vez tiene que ser la última». La razón aislada no puede dirigir a largo plazo un deseo obsesionado con su objeto, pero sí es capaz, mediante la reflexión práctica, de suscitar en nosotros deseos que se alineen mejor con nuestra alegría y se ajusten en mayor medida a nuestro bienestar. Spinoza lo expresó con claridad: solo un afecto puede contrarrestar otro afecto. Un deseo puede alterar otro deseo; la alegría de una risa o de una victoria puede combatir la tristeza que nos tiraniza. Lo único que cuenta es incrementar el placer de estar vivo.

La última vez, por tanto, no proviene necesariamente de la decisión racional de poner fin a aquello que el hábito, la esperanza y los pequeños placeres han ido entretejiendo. No es la búsqueda del límite lo que nos libera. Dejemos de lado «ese teatro marcial de la Decisión, la Acción y el Desenlace», como escribe Barthes a propósito de la pasión amorosa.[120] No pongamos demasiada fe en el voluntarismo de una razón depurada. El decreto de la última vez es un espejismo que no logra disolver lo insoportable. Acojamos, en su lugar, la sabiduría del tiempo: el cansancio, la resistencia y la reconquista de nuestro deseo. En lugar de intentar convertir a ese ser que se muestra indiferente o negligente ante mi idea del amor, saldré sola al encuentro del mundo y de otras personas que de entrada se muestren sensibles a esa idea. En vez de esperar una muestra de ternura que no llega, me concederé tal benevolencia a mí misma. Puedo dejarme embriagar por esa droga, pero también puedo anticipar que acabará por dañar mi espíritu o destrozar mis relaciones más valiosas. ¿Cómo atreverse a desear con fe? Y si no es posible, ¿cómo desear de otro modo? Ello acarrea el deseo de hallarse «en otro lugar», lo cual no significa huir de la realidad, sino emprender un viaje: ya sea espiritual (ir hacia el amor posible, hacia uno mismo o hacia los demás) o geográfico (cambiar de paisaje).

Hace falta, sin embargo, tomar conciencia del afecto en el que una situación paralizante, violenta e ininteligible nos sumerge. Es preciso atreverse a sentirse como un enfermo o una víctima; tener el valor de experimentar la tristeza antes de combatirla con alegría. Cuántas veces he sido incapaz de encontrar las fuerzas necesarias para ello. No las hallamos donde desearíamos encontrarlas: no radican en contenerse, ni en secar las lágrimas, sino en mostrar de entrada el coraje necesario para llorar la propia suerte, asumir la herida o desesperar por aquello que no llega. Hay que aceptar esa parte inconsolable para poder levantarse. A algunas personas, el valor de venirse abajo les permite reencontrarse, alcanzar en sí mismas a esa persona que siente, que desea, que aguarda, y a la que, por su entrega, su resignación o desorientación, habían perdido de vista.

Aceptar el apego sin perderse, sufrir sin ser resiliente, esperar sin echar raíces en una tierra estéril. Ese núcleo firme del ser es la única «quilla interior», según la bella expresión de Barthes,[121] que permite reencontrar el rumbo. La conciencia del yo frustrado permite formular la siguiente disyuntiva: ¿queremos cumplir nuestros deseos, respetar nuestros valores, seguir el placer o aferrarnos a lo que distorsiona esas exigencias fundamentales? ¿Cuál es la respuesta que más me afecta y que en mayor medida me hace estar viva?

Sentir la mitad más que el fin

Relacionarse con lo que nos sobrepasa sin inquietud implica, como decía Gilles Deleuze, tomar la vida «por el medio». Nacer es aterrizar en el corazón de cosas que ya están ocurriendo. Aceptar ser sobrepasados es la única forma de vivir sin la ilusión —ingenua y violenta— del control. Una vez admitida nuestra dependencia, podemos entrar en historias ya comenzadas, sin sentirnos amenazados por el pasado o el futuro. Nuestras sensaciones, nuestros sentimientos y deseos se convierten entonces en referencias sólidas. Las fechas, las decisiones, las ceremonias de inicio, los ritos de paso, las despedidas no son más que puntos de referencia intelectuales frente a una vitalidad mucho más fluida y sorprendente que nuestras propias decisiones.

Presentarse en una fiesta que ha empezado ya y tomarse una copa sin imaginar que esta es la primera de varias, sino parte del hecho mismo de pasarlo bien —como puedan serlo charlar, reír o bailar—, nos permite evitar hacer cuentas, signo evidente de dependencia. Lo importante no son tanto los principios o los finales, sino ser capaces de percibir nuestros encuentros como reencuentros, nuestras primeras o últimas palabras como semillas que germinarán más adelante, nuestras entradas y salidas como inserciones en un flujo que se halla ya en marcha. Nuestra presencia únicamente consiste en ocupar un lugar en el trascurso de un mundo, de una historia. Todo cuanto hacemos parte de lo que existía ya: no somos sino episodios en encuentro con otros episodios. El amor, el humor, el conocimiento adquieren siempre el rostro de un reencuentro con lo que ya existía, de la reminiscencia de algo que había sido ya pensado, rara vez suponen el surgimiento de algo inexistente hasta ese momento.

Epílogo

Mi vida solo es corta si la coloco en el
cadalso del tiempo.

S. DAGERMAN, *Nuestra necesidad
de consuelo es insaciable*

EL 24 DE AGOSTO DEL AÑO 79 D. C., a la una del me-
diodía, el Vesubio entró en erupción en las inmediacio-
nes de las ciudades de Pompeya y Herculano. Los arqueó-
logos han hallado los restos de mil ciento cincuenta
personas que quedaron petrificadas en plena huida. En
alguno de ellos nos es posible incluso adivinar el último
gesto: uno intenta, en vano, proteger a un niño con su
cuerpo, otro se cubre el rostro. Si todo acontecimiento
trágico suscita una suerte de fascinación, esta se hace
más fuerte aún en el caso de Pompeya, cuya tragedia, más
de dos mil años después, sigue fijada en esa impronta de
la parálisis humana. Es un suceso que me cautiva, tal

vez porque me remite a una imagen de una existencia bruscamente detenida por el paso, ardiente y fulgurante, del tiempo. A menudo la vida se asemeja a esa misma agitación con la que tratamos de aplazar el instante fatal. Pero un día llega una última vez, que se impone y confiere a todo lo vivido la imagen de un destino.

Y sin embargo, no me resigno a conservar esa única perspectiva de la existencia. ¿Acaso no consiste el cometido de ser filósofo en aprender a morir? ¿Es posible prepararse para ese acontecimiento definitivo por el cual tanto tú, querido lector, como yo dejaremos de pertenecer a este mundo? Pensar en ello nos permite hacernos una idea, pero no hay idea capaz de amortiguar una vivencia que jamás habríamos imaginado. Por eso quise pasearme entre nuestras últimas veces, consciente de que son, en el fondo, una forma de iniciarse en la finitud, a veces deseada, muchas otras indeseable. Debo admitir también que la expresión «última vez», escuchada en miles de ocasiones, logró un día despertar en mí una necesidad irresistible de escribir. Tal vez porque encierra el encanto de todo aquello que seduce y duele a la vez.

Aunque nuestras últimas veces no estén siempre relacionadas con la muerte, sí nos la recuerdan, haciéndola resonar en toda despedida, en todo alejamiento, desprendimiento o separación. La misma expresión pone en cuestión algo que ni siquiera la inmortalidad sería capaz de resolver: la irreversibilidad, una cualidad temporal que, en cierto modo, remite de manera constante a la mortalidad. Toda última vez nos obliga a mirar de frente la ambivalencia de la vida, en la que nacimiento y muerte se suceden a cada instante. Una dualidad que es capaz de brindarnos un saludable soplo de aire fresco frente a la triste perspectiva de vernos obligados a envejecer. Mi reflexión partió de la pregunta de cómo prepararse para esas veces que parecen interrumpir algo en la vida, si no la vida misma, pero terminó por conducirme a la pregunta de cómo desafiar la nostalgia. ¿Cómo podemos mantener viva nuestra alegría frente a la irreversibilidad del tiempo?

Algunos dicen que la finitud hace la existencia más deseable, más apetecible. En una entrevista ofrecida en 1979, el actor Jean-Louis Trintignant contaba su obsesión por la muerte, y también su remedio:

> Creo que deberíamos vivir como si fuéramos a morir mañana. Fumar un cigarrillo como si se tratara del último. Al beber una copa de vino, paladearla como si fuera la última que vamos a probar, para así disfrutarla en todo su esplendor. Y cuando hacemos el amor, pensar que será la última vez, para así sentir que disfrutamos de un momento extraordinario.

La idea de que todo tiene un final es necesaria para sentir la urgencia de elegir, para intensificar nuestros sentimientos o, al menos, para aprovechar las oportunidades que nos brinda el destino. Este libro se ha inspirado en esa filosofía, que en su día nos propusieron estoicos como Séneca y que ha asumido la sabiduría popular: la última vez como estímulo de nuestro deseo por vivir, de nuestra entrega y nuestro apasionado compromiso con la vida.

En ocasiones, para conjurar el instante final, intentamos jugar con él, ya sea asumiendo riesgos o tomando decisiones radicales. Intentamos introducir esa última vez en nuestras vidas, dándonos así aires de demiurgo. Sea hito temporal útil o construcción mental, la última vez puede ayudar a dar coherencia a nuestras acciones, o incluso animarnos a realizarlas. Decir «es la última vez» es una forma de encontrar un camino en el laberinto de los acontecimientos, de resistirse de forma saludable al destino, en una actitud plenamente moderna, no en vano hemos puesto la ciencia al servicio de la medicina y de los avances técnicos en nuestra búsqueda de aplazar la última vez que supone la muerte, de borrarla incluso, con tratamientos cada vez más avanzados o con la obsesión por mantener la salud y hacer retroceder el envejecimiento.

Sin embargo, todo ello es más un constructo mental que una descripción fiel de cómo afrontamos nuestra vida, nuestras relaciones o nuestros sentimientos. Las últimas veces no son siempre —ni tan a menudo— finales cerrados: no ponen fin al proceso que constituye la vida. Esta, simplemente, no se termina, no se detiene, y esta continuidad, que tan inadvertida pasa en nuestras existencias individuales, resulta aún más evidente si pensamos en nuestra especie. Al fin y al cabo, más allá de la ruptura, todo cuanto vive tiende a seguir su curso y persistir.

Más allá de la certeza en la continuidad, creer que hay que vivir como si cada instante fuera el último me parece una especie de artificio, que a veces puede ser útil, pero otras resulta aterrador. Como expone Janké-lévitch, si el artista sabe desvelar la belleza oculta en lo cotidiano, el filósofo debe ser también capaz de contemplar el extrañamiento de la vida sin necesidad de esperar la muerte. Para maravillarse con esta vida, para decirle sí en todo momento, el sabio no necesita sentirse amenazado a cada instante, pues «comprende con serenidad lo que los atolondrados descubren solo más tarde, en el último momento y cuando se sienten con la soga al cuello».[122]

El asombro filosófico sabe percibir el lujo del tiempo, la riqueza del presente, sin tener que sufrir por la demora o la inquietud ante lo venidero. Tal vez esta supuesta sabiduría del instante fatal no sea más que el fruto de nuestro miedo. ¿No estaremos ante una especie de chantaje a la muerte? ¿Sentirse vivo acaso consiste en alarmarse por el paso del tiempo, como quien contempla caer los granos de su pequeño reloj de arena interior? Nada hay más extraño, o más opresivo, que ese pensamiento de «morir en cualquier momento». Tal actitud no apunta a otra cosa que al triunfo del pensamiento de la muerte, asociada a la nada. Y tampoco nuestra sociedad actual nos ayuda ni a pensar la riqueza del tiempo ni a enfrentarnos a nuestra finitud. El biopoder* avanza. Pero esta vida solo se contempla para ser optimizada técnicamente, mientras que la muerte ha sido expulsada de nuestras ideas y nuestro horizonte. Se la cuestiona de una manera tan pobre que ya solo se concibe como aniquilación del cuerpo y de toda forma de vida posible. Las iniciativas destinadas a devolver al enfermo, incluso al moribundo, su libertad y su responsabilidad ante su final, quedan de ese modo ahogadas.

Estas afirmaciones, pronunciadas con una seguridad exenta de toda prudencia y de toda apertura a una

---

* Concepto desarrollado por el filósofo Michel Foucault para referirse al modo en que el poder moderno regula la vida biológica de las personas a través de políticas sanitarias, normas sociales, tecnologías médicas, etcétera. *(N. del t.)*

trascendencia, son indemostrables. Pero hay algo más incómodo. El afán por medir lo vivido y lo que aún nos queda por vivir, el terror a perder cuanto hemos acumulado con esfuerzo, nos despoja de la belleza del presente, nos desprovee de nuestro valor frente al porvenir. El anhelo de vivir mejor que los demás, de existir con mayor intensidad que lo hicimos en el instante anterior, de gozar más y con más frecuencia, no permite más que una fútil acumulación de vivencias valiosas, frágiles y, en el fondo, siempre amenazadas de desaparecer por completo. Y, sin embargo, «¿quién me obliga a llevar la cuenta? La vida no se deja medir por el paso del tiempo»,[123] observa con acierto el escritor Stig Dagerman.

Ese poder de la muerte nos acorrala, nos deja como unos perros desorientados que, temiendo el instante del disparo final, se ven obligados a levantar la cabeza y salir corriendo en pos del tiempo. Vivir consiste en ir más allá de la experiencia cuantitativa del tiempo e intentar procurarse una relación cualitativa con él. No se trata de contar las veces, ni las penúltimas ni las últimas, ni de vivir como si esta vez fuera la definitiva, sino de vincularnos al instante porque deseamos profundamente habitarlo e invertir en él. Decirle sí, una y otra vez. Estar en el instante precisamente porque amamos vivir, y no porque tememos perderlo. No tenemos más que vivir. Nada más hay que debamos hacer.

Frente a la imagen del tiempo que fluye, dos son las actitudes que podemos adoptar. Por un lado, podemos considerar ese tiempo como una fuerza creadora, reconocer la incomparable capacidad de la duración para hacer que las cosas maduren, crezcan y se pongan en su lugar. Si lo aceptamos, entonces podemos dejar de rebelarnos y abandonarnos a esa potencia salvadora. Pero, por otro lado, aprender a amar el tiempo puede conducirnos precisamente a sentir la nostalgia de verlo pasar. El optimismo y el pesimismo son dos formas de leer el tiempo: lo irreversible genera angustia ante la fuga, pero también esperanza ante lo imprevisible y el renacer. Aunque tal vez no sea tanto la irreversibilidad como la finitud aquello que nos oprime el corazón: ¿cómo afrontarla, si no es con la esperanza de que no todo termine por completo?

Aún se vislumbra una tercera vía: salir del tiempo. Y tres son también las experiencias que nos lo permiten: la alegría, el amor y la belleza. La alegría de estar en el instante me arranca del marco cronológico, banaliza los límites temporales y la angustia que genera el hecho de contar. El amor, por su parte, nos brinda la sensación muy real de multiplicar los instantes; nos confiere una gracia que se enriquece precisamente cuanto más se da. Ofrecer nuestro tiempo a quien amamos nos sirve para ahondar y hacer más tupida nuestra duración, nutriéndola del ritmo del otro, de la trama que este encarna y del sentido de abandonarse. Por último, reconocer la belleza del presente —esa belleza que a menudo descubrimos demasiado tarde, bajo la forma de nostalgia— es otra vía hacia la eternidad. Esa percepción inmediata del encanto de la vida, de su significado oculto y equívoco pero perfectamente aprehensible, ese arte que Jankélévitch atribuía a los creadores,[124] puede, a mi parecer, desarrollarse en cualquier persona dispuesta a entrenarla. Basta para ello seguir la consigna con la que en su día Grisélidis Réal cerró su primer poema, escrito a los trece años, tras la muerte de su padre: «Pensad en lo que fue bello y bendecid lo que va a serlo».[125]

Una de las formas más sabias de abordar la finitud es concebir, lo antes posible, la vida como una historia que contar, asumiendo cada uno de sus instantes y mirando a ambos lados: hacia ese pasado que nos ha hecho y hacia ese futuro que nos construirá. Uno y otro no están del todo cerrados, y no dejan de interrogarse y responderse entre sí. Como una melodía, cada vivencia se conjuga con las demás, las evoca y las anuncia, las matiza de otro modo. La unicidad y la irreversibilidad de esta duración, lejos de volvernos cínicos o nihilistas o de desproveernos de toda esperanza, dotan a nuestra existencia de una originalidad extraordinaria y, con ella, de la responsabilidad de tener que crearla.

Hay que vivir sin reservas ni contención este tiempo incesante y milagrosamente renovado, cuyo misterio no significa necesariamente el absurdo. No dejar que el miedo a morir oscurezca el tiempo. Una imagen me alienta: la de Sócrates agonizando. Mientras el veneno surte lentamente su efecto, el filósofo sigue conversando con sus discípulos, «como si aquel último día como condenado no fuera en absoluto el último, como si tuviera todo el tiempo por delante»,[126] escribe Jankélévitch. Ciertamente, Sócrates está convencido de que la verdadera patria de su alma no se encuentra en este cuerpo mortal, sino en el cielo de las Ideas. Hace ya mucho que ha reflexionado sobre ese instante como una liberación y un paso hacia otra realidad. Estemos o no de acuerdo con ello, me conmueve la imagen de ese hombre que se niega a sacrificar sus últimos instantes en nombre de la última de las últimas veces. Hay insolencia, ironía y también nobleza en hacer como si no hubiera nada que contar, en entregarse a lo que siempre amó: conversar con sus amigos.

Vivir feliz es negarse a ser rehén de un presupuesto temporal. Es consentir al instante, adherirse al mismo principio de estar aquí abajo, arraigado en nuestra carne y en la del mundo. Tener la audacia de ser un artesano de la alegría, inspirado por el perfume sublime del presente, aunque no sepamos si nos llevará a otra cosa. Siempre permaneceremos hasta cierto punto irreconciliados con el paso del tiempo, y a menudo perderemos esa alegría creadora. Pero esa emoción es también el aliento de nuestra humildad ante el misterio; sostiene nuestro contento, a pesar de la carencia, y acompaña con elegancia ese instante a veces tan temible.

Lo que puede deshacer la ambivalencia del tiempo —capaz tanto de desanimarnos como de alegrarnos— es el deseo de no vivir solo para uno mismo. El amor, o en un sentido más amplio la voluntad de acoger otras vidas, da profundidad al tiempo y puede incluso que nos arranque de él. Todo cuanto perpetúa la vitalidad deviene un antídoto contra la tragedia. Vivir implica también abandonar nuestras certezas pasadas y nuestras proyecciones para recuperar en nosotros el gozo propio de los niños, o de los animales, quienes se lanzan de lleno al instante, dirigiendo la mirada hacia lo que rebasa su mundo. Inspirémonos en esos seres que se sumergen en la vida sin contar sus movimientos. Como decía el poeta Rilke, saben mirar hacia lo que se abre ante ellos, no con miedo al abismo, sino adentrándose en el camino infinito de la Vida.

Agradecimientos

GRACIAS A PAULINE MIEL, mi editora, cuya confianza me permitió escribir un libro que deseaba abordar de modo distinto a los anteriores. Hoy nuestro primer encuentro se me antoja como la continuación de una larga conversación cuya importancia no ha mermado en absoluto para mí con el paso del tiempo.

Gracias a Guillaume Allary por su mirada, exigente y a la vez entusiasta. A Camille Seyot y Laurence Godec, quienes se encargaron de pulir y corregir el texto. Y a Guillaume Jamet, director artístico, sin cuyo trabajo mis escritos no podrían transformarse en libros-objeto.

Gracias a mi hermano y a mi hermana, y a mis padres, siempre abiertos a conversar conmigo sobre mis inquietudes filosóficas. La escritura, tanto como la vida, me ha llevado a encuentros fundamentales para mi trabajo: pienso en esos lectores y lectoras cuyos consejos tantas nuevas claves para la reflexión me han aportado.

En este sentido, debo dar también las gracias a mis amigos, siempre interlocutores privilegiados con una capacidad única para alimentar mis pensamientos con su presencia, su inteligencia y su sensibilidad.

Mi especial agradecimiento al filósofo Pascal Chabot: nuestras conversaciones me han resultado de lo más valiosas durante el proceso.

Quiero también dedicar un emocionado recuerdo a Isabelle de Borchgrave, artista fallecida cuando me hallaba al final de la redacción de este libro, un libro sobre el que tantas veces habíamos conversado. Una persona con una vitalidad y una creatividad excepcionales, que desafiaban el paso del tiempo.

Gracias a Nicolas y Zoran, mis compañeros durante tantos y tan felices días. He escrito este libro a vuestro lado, como un extenso ruego porque nuestra felicidad se prolongue lo más lejos posible en el tiempo.

Notas

1. Héraclito, «Fragments liés au changement» en *Héraclite ou la séparation* de J. Bollack y H. Wisman, París, Éditions de Minuit, 1972. [*Los filósofos presocráticos,* vol. 1 (trad. y ed. de Conrado Eggers Lan y Victoria E. Juliá), Madrid, Gredos, 2008.]

2. «A las verdades de la filosofía les falta la necesidad y la garra de la necesidad. A la verdad no se la entrega, se la traiciona; no se comunica, se interpreta; no es deseada, es involuntaria». G. Deleuze, *Proust et les signes* (1964), París, PUF, 2014, p. 115. [*Proust y los signos,* (trad. de Francisco Monge), Barcelona, Anagrama, 1995.]

3. «Fue, por tanto, el pensamiento de que mi madre moriría, no hoy, pero un día, un día determinado, lo que me dio la idea del tiempo». E. Ionesco, *Journal en miettes* (1967), París, Gallimard, Folio Essais, p. 32. [*Diario en migajas,* en *Diarios* (trad. de Marcelo Arroita-Jauregui), Madrid, Páginas de Espuma, 2007.]

4. *Ibid.,* p. 30.

5. S. de Beauvoir, *La Vieillesse* (1970), París, Gallimard, Folio Essais, 2020. [*La vejez* (trad. de Aurora Bernárdez), Barcelona, Edhasa, 1989.]

6. Desde este punto de vista, la universidad es un lugar extraordinario, ya que concede a los estudiantes la libertad de venir y escuchar y de irse.

7. Señalo de paso que, aunque hable aquí de una «última clase» la filosofía es una disciplina que no conoce fin. Me di cuenta muy pronto de ello cuando empecé a enseñarla: los problemas éticos, existenciales y metafísicos —ineludibles en la medida en que tarde o temprano todo individuo se los plantea, cuando no es la vida misma quien se los impone— volverán a aparecer en la existencia del alumno.

8. Hervé Moigne, testimonio recogido en el programa «Dernier jour de travail, premier jour de retraite», *Pixel 13/14*, France Culture, viernes 15 de noviembre de 2013.

9. Según Xpro —organización benéfica creada en el Reino Unido para apoyar a los futbolistas profesionales retirados—, tras terminar su carrera el 38 % de los futbolistas sufren depresión, en comparación con el 13 % de media entre el resto de la población: «Comment les footballeurs vivent leur départ à la retraite», *L'Équipe*, 16 de julio de 2024.

10. *Cf.* L. Vergne, «Mohamed Ali, le pathétique adieu», *Eurosport*, 5 de junio de 2020.

11. *Beckham,* documental disponible en Netflix, 2023.

12. Serge Lama en *C à vous*; programa emitido el 25 de enero de 2024.

13. *Vivement dimanche,* con Michel Drucker; emitido el 11 de febrero de 2024.

14. M. e I. Yalom, *Une question de mort et de vie*, Le Livre de Poche, 2023. [*Inseparables: Sobre el amor, la vida y la muerte* (trad. de Claudio Iglesias), Barcelona, Destino, 2022.]

15. *Ibid.*, p. 62.

16. S. de Beauvoir, *La Vieillesse*, op. cit., p. 372.

17. Se trata de una carta redactada por una lectora en respuesta a mi editorial sobre el envejecimiento «L'âge n'a pas d'âge», *Madame Figaro*, 26 de enero de 2024.

18. S. de Beauvoir, *La Vieillesse*, op. cit.

19. V. Jankélévitch, *La mort* (1977), París, Flammarion, Champs essais, 2017, p. 311. [*La muerte* (trad. de Manuel Arranz), Valencia, Pre-Textos, 2002.]

20. Robert Badinter en *C à vous*, 2003.

21. S. Freud, *Introduction à la psychanalyse* (1915-1917), París, Payot, 2022. [*Introducción al psicoanálisis* (trad. de Luis López-Ballesteros), Madrid, Alianza, 2020.]

22. G. Bachelard, *La poétique de l'espace* (1957), París, PUF, 2020, p. 28. [*La poética del espacio* (trad. de Ernestina de Champourcin), Madrid, Fondo de Cultura Económica, 2000.]

23. *Grey Gardens*, documental dirigido por David y Albert Maysles en 1975.

24. G. Bachelard, *La poétique de l'espace*, op. cit., p. 7-8.

25. *Ibid.*, p. 25.

26. *Ibid.*, p. 29.

27. V. Jankélévitch, *La mort*, op. cit., p. 20.

28. Platón, *Phédon* (trad. deE. Chambry), 60 a. [*Fedón; Fedro* (trad. de Luis Gil Fernández), Madrid, Alianza, 2018.]

29. Es Marilyn Yalom quien lo cuenta. Su relato aparece en *The Forever Letter*, de Elana Zaiman. *Cf.* M. e I. Yalom, *Une question de mort et de vie*, op. cit., p. 138.

30. La admiración japonesa por los cerezos se remonta a la era Heian (794 a 1185), cuando la aristocracia del país celebraba refinadas festividades bajo las ramas de los *sakuras*, para celebrar su espectacular floración. La tradición se democratizó más tarde, durante la era Edo (1603-1868).

31. «"Caed, flores de cerezo": 1945, últimas palabras de los kamikazes japoneses», *L'Expérience*, France Culture, 13 de diciembre de 2020, programa creado por Guillaume Loiret, con realización de Véronique Lamendour.

32. *Ibid.*

33. *La dernière lettre écrite par des soldats français tombés*

au champ d'honneur 1914-1918, texto publicado por L'Union des Pères et des Mères dont les fils sont morts pour la Patrie, en *The Project Gutenberg EBook*.

34. M. e I. Yalom, *Une question de mort et de vie*, op. cit.

35. *Ibid.*, p. 13.

36. Léda. Testimonio recogido en «Derniers instants», en *Les pieds sur terre*, France Culture, 13 de abril de 2020.

37. J. de Montigny, «Les derniers mots du mourant. Un legs inespéré dans la vie du survivant» en *Gérontologie et société*, vol. 27, n°108, marzo de 2004, p. 213-220.

38. Catherine. Testimonio recogido en «Derniers instants», en *Les Pieds sur terre*, France Culture, 13 de abril de 2020.

39. D. Rieff, *Mort d'une inconsolée. Les derniers jours de Susan Sontag* (trad. de M. Weitzmann), París, Flammarion, 2008, p. 31. [*Un mar de muerte: Recuerdos de un hijo* (trad. de Aurelio Major), Barcelona, Debate, 2022.]

40. M. e I. Yalom, *Une question de mort et de vie*, op. cit., p. 211.

41. V. E. Frankl, *Découvrir un sens à sa vie grâce à la logothérapie* (1959), (trad. de C. J. Bacon y L. Drolet), París, J'ai lu, 2012, p. 63. [*El hombre en busca de sentido* (trad. de Alberto Ciria), Barcelona, Herder, 2024.]

42. P. Chabot, *Exister, résister. Ce qui dépend de nous*, París, PUF, 2017, p. 183.

43. Más profundamente, si estamos gobernados por una representación lineal de la historia y del progreso técnico, el estudio preciso de estas realidades aporta más matices y una mayor complejidad. Como explicaba el profesor y antropólogo Alain Gras, la historia de la técnica comprende, por un lado, lo que él denomina «tendencias» —es decir, innovaciones que tienden a prolongarse y perfeccionarse, como por ejemplo la piedra pulida que acaba convirtiéndose en un cuchillo de acero—, y por otro, «rupturas», como el automóvil, que no es una mera prolongación

del carruaje tirado por caballos, sino que encarna un nuevo símbolo: el de *mobil home*.

44. «La dernière fois», en *L'heure du documentaire*, a cargo de Caroline Ferrard y Christine Robert, France Culture, 12 de agosto de 2016.

45. *Ibid.*

46. M. Duras, *La Musica* (1965), *La Musica Deuxième* (1985), París, Folio Théâtre, 2018. [*India Song / La Música* (trad. de Silvio Mattoni), Buenos Aires, El Cuenco de Plata, 2010.]

47. Maurice Merleau-Ponty, *Phénoménologie de la perception* (1945), Gallimard, NRF, p. 434. [*Fenomenología de la percepción* (trad. de Jem Cabanes), Barcelona, Altaya, 1999.]

48. É. Louis, *Changer : méthode*, París, Seuil, 2021, p. 233.

49. F. Gilot y C. Lake, *Vivre avec Picasso*, París, Éditions 10/18, 2005, p. 86. [*Vida con Picasso* (trad. de Jaime Piñeiro González), Barcelona, Elba, 2010.]

50. B. Rinkel, *Le nom secret des choses*, París, Le Livre de Poche, 2022, p. 171.

51. P. Grimbert, *La mauvaise rencontre*, París, Le Livre de Poche, 2010, p. 96.

52. A. Dufourmantelle, *En cas d'amour. Psychopathologie de la vie amoureuse*, Rivages poche, 2012, p. 59. [*En caso de amor: psicopatología de la vida amorosa* (trad. de Fernanda Restivo), Barcelona, Lumen, 2025.]

53. *Ibid.*, p. 129.

54. É. Louis, *Changer : méthode*, op. cit., p. 239.

55. Cuando se le aparece la figura de su padre, Hamlet pronuncia las siguientes palabras: «The time is out of joint». Desearía que el momento de vengar a su padre no hubiera llegado aún. *Cf.* Shakespeare, *Hamlet*.

56. M. Duras, *Le ravissement de Lol V. Stein* (1964), París,

Folio, 2014, p. 17 [*El arrebato de Lol V. Stein* (trad. de Anna Maria Moix), Barcelona, Tusquets, 1987.]

57. *Ibid.*

58. *Ibid.*, p. 22.

59. *Cf.* E. Kant, *Critique de la faculté de juger* (1790), trad. de A. Renaut, París, GF Flammarion, 2015. [*Crítica del discernimiento* (trad. de Roberto R. Aramayo y Salvador Mas), Madrid, Alianza, 2020.]

60. M. Duras, *Le ravissement de Lol V. Stein*, op. cit., p. 187.

61. B. Giraud, *Vivre vite*, J'ai Lu, 2023, p. 21. [*Vivir deprisa* (trad. de María Teresa Gallego Urrutia), Huesca, Contraseña, 2023.]

62. C. Pavese, *Le métier de vivre* (1958), París, Folio, 2014, p. 164. [*El oficio de vivir* (trad. de Ángel Crespo), Barcelona, Seix Barral, 2022.]

63. F. Nietzsche, *Aurora*, § 114. [*Aurora: Pensamientos acerca de los prejuicios morales* (trad. de Jaime Aspiunza Elguezábal), Madrid, Tecnos, 2023.]

64. C. Pavese, *Le métier de vivre*, op. cit., p. 367.

65. V. E. Frankl, *Découvrir un sens à sa vie grâce à la logothérapie*, op. cit., p. 168.

66. V. Jankélévitch, *La mort*, op. cit., p. 435.

67. *Ibid.*, p. 454.

68. *Ibid.*, p. 448.

69. *Ibid.*, p. 197.

70. S. de Beauvoir, *Le deuxième sexe* (1949 ; ed. rev. en 1976), París, Gallimard, 2003, Folio, p. 37. [*El segundo sexo* (trad. de Alicia Martorell Linares), Madrid, Cátedra, 2019.] Fue un alivio leer el análisis de las impresiones que viví en mi infancia en esta obra, en la que la autora describe cómo la igualdad de anhelos y facultades de niñas y niños se ve desbaratada por la educación, que alienta a las primeras a convertirse en objetos de seducción y a los

segundos a una libre confrontación con el mundo, que desarrolla en ellos el espíritu de iniciativa. Esto, al parecer, puede atenuarse si el padre proporciona a la niña una «formación viril» durante las primeras etapas de la infancia (op. cit., p. 29).

71. I. Thobois, *La maternité: qu'est-ce que ça change?*, Ginebra, Labor et Fides, 2024, p. 12.

72. *Ibid.*, p. 21.

73. *Ibid.*, p. 34.

74. E. Levinas, *De l'existence à l'existant* (1947), París, Vrin, 1993, p. 40. [*De la existencia al existente* (trad. de Patricio Peñalver), Madrid, Arena, 2006.]

75. S. de Beauvoir, *Mémoires d'une jeune fille rangée*, cita tomada de *La Vieillesse*, op. cit., p. 520. [*Memorias de una joven formal* (trad. de Silvina Bullrich), Barcelona, EDHASA, 2018.]

76. C. Flécheux, *Revenir. L'épreuve du retour*, París, Le Pommier, 2023, p. 57.

77. C. Berberian, *Une éducation orientale*, París, Casterman, 2023, p. 11. [*Una educación oriental* (trad. de Joaquim Toset Masdeu), Barcelona, Planeta, 2025.]

78. *Ibid.*, p. 95.

79. *Ibid.*, p. 115.

80. W. Benjamin, «*Expérience et pauvreté*» (1933), trad. de Pierre Rusch, en *OEuvres II*, París, Gallimard, «Folio essais», 2000, p. 365 [en *Obra completa. Libro II/vol.1* (trad. de Jorge Navarro Pérez), Madrid, Abada, 2010.] Citado por C. Flécheux en *Revenir*, op. cit., p. 177.

81. M. Loridan-Ivens, *Et tu n'es pas revenu*, París, Le Livre de Poche, 2016, p. 18. [*Y tú no regresaste* (trad. de José Manuel Fajardo González), Barcelona, Salamandra, 2015.]

82. *Ibid.*, p. 55.

83. P. Chabot, *Exister, résister*, op. cit., p. 185.

84. C. Pavese, *Dialogues avec Leuco*, op. cit., p. 104-105. [*Diá-*

logos con Leucó (trad. de Carlos Clavería), Madrid, Altamarea, 2019.]

85. M. Duras, *La douleur*, París, Gallimard, Folio, p. 47 [*El dolor* (trad. de Clara Janés), Madrid, Alianza, 2019.]

86. *Ibid.*, p. 48.

87. M. Loridan-Ivens, *Et tu n'es pas revenu*, op. cit., p. 60.

88. Pienso en los familiares de los desaparecidos voluntarios en Japón, los *johatsus*, quienes, incapaces de soportar una vida infeliz, se excluyen de la sociedad. Pienso también en los desaparecidos involuntarios, más específicamente en el ejemplo de la familia Boutvillain, cuyo hijo, Malik, desapareció tras haber salido a correr, en 2012, el día de la elección como presidente de François Hollande.

89. F. Modoux, «Lance Armstrong, ou la belle histoire du miraculé qui a dominé la mort», *Le Temps*, 26 de julio de 1999.

90. V. Jankélévitch, *La mort*, op. cit., p. 422.

91. S. Macé, «Un faible espoir de guérison est-il toujours une bonne chose ?», *Revue française d'économie*, vol. xxxi, no 4, 2016, p. 153-179.

92. C. Marin, *Hors de moi*, París, Allia, 2008, p. 7.

93. *Ibid.*, p. 84.

94. *Ibid.*

95. D. Laërce, *Vies et doctrines des philosophes illustres*, VII, 130. [Diógenes Laercio, *Vidas y opiniones de los filósofos ilustres* (trad. de Carlos García Gual), Madrid, Alianza, 2023.]

96. N. Châtelet, *La dernière leçon*, París, Points, 2021, p. 61.

97. Aún pienso en el suicidio del actor Joachim Gottschalk, su esposa judía Meta Wolff y su hijo Michael, de ocho años. Ante las directrices de Goebbels, quien había ordenado que Gottschalk se alistara en la Wehrmacht y que su esposa e hijo fueran conducidos a un campo de concentración, los tres se quitaron la vida el 6 de noviembre de 1941, pocas horas antes de ser arrestados. *Cf.* D.

Rossano, *Vida y muerte de Joachim Gottschalk*, París, Allary Éditions, 2022.

98. J. Derrida, «El aforismo en contra del tiempo» en *Psyché. Inventions de l'autre*, París, Éditions Galilée, 1987, p. 135. [*Psyché: Invenciones del otro* (varios trads.), Adrogué, La Cebra, 2023.]

99. E. Frèche, *Les amants du Lutétia*, París, Albin Michel, 2023.

100. J. Cazes, «Mes parents sont morts effarés de l'indifférence de la collectivité à leur égard», *Le Monde*, 10 de abril de 2024.

101. Lo que la filosofía política, en especial con Michel Foucault, denominó «biopolítica» hace referencia a esta actitud del Estado frente a la muerte: si durante mucho tiempo el poder se arrogó el derecho de quitar la vida, ahora busca impedir la muerte, incluso maximizar la vida. *Cf.* D. Memmi y E. Taïeb, «Les recompositions du "faire mourir": vers une biopolitique d'institution», *Sociétés contemporaines*, vol. 75, no 3, 2009, p. 5-15.

102. V. Jankélévitch, *La mort*, op. cit., p. 48.

103. N. Châtelet, *La dernière leçon*, op. cit., p. 58.

104. *Ibid.*, p. 105.

105. F. Feder, «Dernières séances: entre détachement et séparation», en *Revue française de psychanalyse*, 2008/1, vol. 72, p. 129-142.

106. I. y M. Yalom, *Une question de mort et de vie*, op. cit., p. 46.

107. J. André, «Transfert et séparations», en *Le Carnet PSY*, n°165, 2012, p. 20-26.

108. «Ma dernière séance de psychanalyse», *Les podcasts de Guillaume*, podcast producido por Guillaume Bonnet, 2 de abril de 2023.

109. G. Perec, *Penser/Classer*, París, Seuil, 1985, p. 59-72. [*Pensar, clasificar* (trad. de Carlos Gardini), Barcelona, Gedisa, 2017.]

110. *Ibid.*

111. *Ibid.*

112. G. Perec, *Je suis né*, op. cit., p. 40. [*Nací* (trad. de Diego Guerrero), Barcelona, Anagrama, 2022.]

113. M. Duras, *La Vie matérielle*, París, Folio, 1987, p. 23. [*La vida material* (trad. de Menene Gras Balaguer), Madrid, Alianza, 2020].

114. Podcast «*Ma dernière fois*», episodio 4 «L'alcool», junio de 2022.

115. G. Deleuze y C. Parnet, *L'Abécédaire*, «B, comme boisson», 1988-1989.

116. C. Georges, «Un jour, un miracle : 'J'entre dans un bar et je commande ma dernière bière'», *Le Monde*, 1 de enero de 2024.

117. M. Duras, *La Vie matérielle*, op. cit., p. 25.

118. F. Gilot y C. Lake, *Vivre avec Picasso*, op. cit., p. 340.

119. Según Emmanuel Pinto: «La literatura sobre la materia sitúa la tasa de recaída en un 50 % durante los meses posteriores a un proceso de desintoxicación y cerca del 70 % un año después de esta (Dawson, Goldstein y Grant, 2007), a menudo después de episodios breves y recurrentes de intoxicación puntual». En: «26. Si on a été alcoolique, on ne pourra jamais plus consommer d'alcool sans risquer une rechute ?», Vincent Seutin (ed.), *L'alcool en question. 41 réponses pour démêler le vrai du faux*, Mardaga, 2020, p. 124.

120. R. Barthes, *Fragments d'un discours amoureux*, París, 1977, Seuil, p. 168. [*Fragmentos de un discurso amoroso* (trad. de Eduardo Molina), Madrid, Siglo XXI, 2007.]

121. *Ibid.*

122. V. Jankélévitch, *La mort*, op. cit., p. 676-677.

123. S. Dagerman, *Notre besoin de consolation est impossible à rassasier* (trad. de P. Bouquet), Arles, Actes Sud, p. 18. [*Nuestra necesidad de consuelo es insaciable* (trad. de Josep Maria Caba Boixadera), Logroño, Pepitas de calabaza, 2020.]

124. V. Jankélévitch, *La mort*, op. cit., p. 193.

125. G. Réal, «Le cycle de la vie» (1945), en *Chair vive, poésies complètes*, París, Éditions Seghers, 2022.

126. V. Jankélévitch, *La mort*, op. cit., p. 388.

Esta edición se ha compuesto con tipografías de la familia
Blacker Pro Text, una armoniosa revisitación de estilo clásico,
diseñada por Cosimo Pancini y Andrea Tartarelli.

Impreso en Romanyà Valls, Capellades, Barcelona,
septiembre de 2025.